KB128948

숲치료 이야기

숲을 알면 건강이 보인다

오창홍 · 박상규 공저

학지사

프롤로그

바다와 산이 있는 자연도시 ○○

친환경 아트도시 ○○

사람과 자연이 공존하는 청정도시 ○○

대숲 맑은 생태도시 ○○

생태도시 ○○

요즘 각 지방자치단체는 경쟁적으로 자연, 숲, 친환경, 생태 등의 단어를 사용하여 지역적 특성을 설파하고 있다.

친환경도시는 생태도시라는 뜻이며, 생태도시는 사람과 자연이 서로 공생할 수 있는 체제의 도시를 말한다.

컴퓨터를 켜고 어느 때처럼 관심 분야인 '숲 체험'이란 단어를 검색해 본다.

'신철원초 병설유치원, 숲속 작은유치원 도교육청유치원 교육과정 우수사례 선정'(강원신문)

'경남교육청 자연과 더불어 놀이하며 배우는 유아 숲 교육을 위해 일본 후쿠오카 지역으로 숲 교육현장 답사를 떠났다'(ungsangnews.com)

'산림청은 내년에 산림취약계층 3만 5천 명에게 산림복지서비스 이용권을 제공한다'(연합뉴스)

'진천군 만뢰산 자연생태공원 관광명소로 각광'(충북뉴스)

'광양시, 2018년 숲 가꾸기 1일 체험행사 개최'(광주전남일보)

'2018년 여수시 주민자치위원회 역량강화 워크숍 숲 체험 힐링 프로그램 등 구성'(매일타임즈)

'완주 고산면 어르신 1박2일 숲 체험'(축산신문)…….

이처럼 숲과 관련된 기사가 쉼 없이 쏟아진다.

숲 체험 태교 프로그램에서 노인힐링 숲 체험 프로그램과 수목장까지 다양한 숲 관련 프로그램은 마치 숲에서 태어나 숲으로 돌아가는 우리의 삶을 보여 주는 듯하다.

요즘에 흔히 들리는 말이 협치와 융합 그리고 힐링이다. 가만히 생각해 보면 협치와 융합, 힐링의 대명사는 바로 숲이라고 할 수 있다. 숲은 어느 날 갑자기 하늘에서 뚝 떨어지거나 땅에서 펑하고 솟아나와 하루아침에 형성되지 않았다. 척박한 불모지에 주섬주섬 지의류가 찾아와 삶의 터전을 만들고 있으면 이끼류가 힘을 보태고, 이어서 초본류(草本類)와 꽃들이 이사를 오며, 크고 작은 나무들도 신도시로 이주하듯 자리매김하여 땅을 비옥하게 만들면서 숲을 이루어 간다.

그들만의 신도시인 숲에 지의류, 이끼류, 초본류가 모이고, 꽃과 나무의 권유와 풍문으로 들은 쾌적한 생활환경과 좋은 '숲세권'을 따라 찾아온 곤충과 새, 짐승이 둥지를 튼다. 이처럼 숲을 이루는 먹이사슬과 상생의 쉼 없는 상호작용은 진정한 협지와 융합의 장이며, 우리가 배워야 할 더불어 사는 삶 그 자체이자 더없는 힐링과 교훈의 집대성이라 할 수 있다.

Shel Silverstein의『아낌없이 주는 나무』에서 '엘제아르 부피에'가 척박하고 희망이 없는 황무지를 울창한 숲으로 조성한 것처럼, 일반적으로 숲과 나무가 주는 이미지는 상생과 치유의 현장이라고 할 수 있다. 그래서 우리는 숲이라는 소리만 들어도 시원하고 풍성한 느낌을 맛볼 수 있다.

아주 먼 옛날부터 정신증상의 완화나 정신적 안녕을 위해서 숲치료, 약초치료, 향기치료, 수(水)치료 등 자연환경을 이용한 활동이 있었으며, 지금까지 국내외의 많은 연구에서 숲 활동에 대한 효과가 검증되었고 지속적으로 연구가 진행되고 있다. 예로부터『논어(論語)』에서는 "지혜로운 자는 물을 좋아하고 어진

자는 산을 좋아한다(知者樂水 仁者樂山)."라고 하였으니 자연과 인간의 인성관계를 잘 함축한 명문이라 하겠다.

이 책에서는 지금까지 국내외에서 연구된 내용을 근간으로 하여 숲이 우리에게 주는 선물을 다시 정리하였다. 제1부에서는 자연의 숲에 중점을 두었고, 제2부에서는 중독과 숲, 제3부에서는 숲에서 누구나 손쉽게 할 수 있는 활동을 다루었다.

이 책은 숲에 관한 이론서(理論書)인 동시에 전국의 숲 관련 시설과 누구나 숲에서 손쉽게 활동할 수 있는 체험 위주의 프로그램을 수록하는 데 역점을 두었다. 부디 이 책이 항상 독자들의 곁에서 길라잡이가 되어 숲속에서 심리적 · 신체적 웰빙을 만나고 사랑하는 마음을 갖도록 도와주기를 소망한다.

마지막으로, 이 책이 세상에 나올 수 있도록 허락해 주신 학지사의 김진환 사장님과 산파역을 해 주신 한승희 부장님, 원고를 잘 다듬어 깔끔하게 편집해 주신 이영민 선생님께 감사드린다.

2019년 12월
대표저자 오창홍

[제주 비자림 숲에서 숲 체험활동 전에 몸풀기 운동을 하는 모습]

"숲은 도깨비 방망이다.

건강 나와라 뚝딱,

행복 나와라 뚝딱!"

숲
치
료
이
야
기

차례

■ 프롤로그 _3

제1부 / 자연과 인간 • 13

1. 숲이란 무엇인가 _ 15

2. 우리나라는 숲을 어떻게 관리하고 있을까 _ 22

   1) 자연휴양림   2) 숲속 수련원

   3) 도시 숲   4) 산림욕장

   5) 수목원   6) 치유의 숲

   7) 국가산림문화자산

3. 숲은 우리에게 무엇을 주고 있는가 _ 35

   1) 치료와 치유의 휴식공간   2) 자연살균제, 피톤치드

   3) 녹색커튼과 간접광

4) 자연항암제, 비타민 D   5) 행복의 호르몬, 세로토닌

6) 신경안정제, 음이온

7) 두뇌활동 증진 피로회복제, 산소

8) 몸과 마음의 힐링 전도사, 자연의 소리와 테르펜

9) 심신안녕의 일등공신, 녹색의 향연

10) 대기정화와 지구 보존의 파수꾼

4. 숲이 가진 치유인자의 효과 _ 67

5. 자연과 음식 _ 70

  1) 식의   2) 음식의 궁합

제2부 / 숲 체험 • 77

1. 숲 체험 프로그램의 의미 _ 79

2. 숲 체험 프로그램과 효과적인 상담이론 _ 82

3. 중독과 숲 체험 _ 86

  1) 중독이란   2) 중독의 분류

  3) 중독자의 특성   4) 중독과 가족

  5) 중독의 원인   6) 중독의 치유

4. 숲 체험 프로그램 _ 107

  1) 숲 체험 프로그램의 개요   2) 숲 체험 프로그램의 소개

제3부 / 누구나 즐길 수 있는 숲 체험활동 • 127

1. 산림욕 _ 130

2. 계곡기행 _ 134

3. 감각체험 _ 138

4. 사물과의 대화 _ 142

5. 기초충전 _ 144

6. 화해의 언덕 _ 148

7. 묵언보행 _ 150

8. 자성예언 _ 152

9. 명상 _ 154

10. 사진촬영 게임 _ 156

11. 나의 나무 찾기 _ 157

12. 숲에서 실시할 수 있는 응용 프로그램 _ 159

■ 에필로그 _ 165
■ 참고문헌 _ 167

제1부

자연과 인간

숲치료 이야기

1. 숲이란 무엇인가

'건강하시죠?' '건강하세요'처럼 우리가 일상생활에서 제일 많이 듣고 건네는 말 중 하나가 '건강'이란 단어일 것이다. 과연 건강이란 무엇일까? 세계보건기구(WHO)에서는 '건강이란 질병이 없고 허약하지 않을 뿐만 아니라 육체적 · 정신적 · 사회적 · 영적으로도 안녕한 역동적 상태'라고 정의하고 있다(2019. 7. 1.).

건강이란 자연인으로서 나를 찾고 천수를 다하여 사는 것이다. 건강을 잘 가꾸어야 자신이 바라는 일을 할 수 있고, 다른 사람을 잘 도울 수 있으며, 원만한 사회생활과 대인관계를 영위할 수 있다. 우리는 건강을 지키기 위하여 뱀탕(蛇湯)도 마시고 살아 있는 사슴의 피(鹿血)도 마다하지 않는 등, 다양한 방법과 활동을 하고 있다. 그러나 건전한 건강문화를 위하여 빼놓을 수 없는 것이 자연환경의 이용이다.

자연이란 인위적인 것의 반대인 생태계를 의미하며 자연성을 기준으로 완전자연, 문명화된 자연, 유사자연, 준자연, 비자연의 다섯 가지로 경관을 구분한다. 이영경(2004)은 "가장 자연적인 경관은 인위적으로 조작된 흔적이 없거나 원형대로 보존된 경관과 전통적이며 토속적인 구조물이 있는 경관이다."라고 하였다. 이처럼 생태적인 의미와 함께 문화적인 의미로 자연을 볼 수 있어야 자연이 우리에게 주는 긍정적인 효과를 잘 파악할 수 있다. 자연은 해, 달, 별, 기후, 지형, 동식물, 산, 들, 바다, 숲 등으로 가히 천태만상(千態萬象)이다. 그중에서도 자연의 대권 주자는 단연 숲이다.

숲, 이는 듣기만 하여도 편안해지고 보기만 하여도 눈이 밝아진다. 숲속에 들어가면 머리가 맑아지고, 숲에서 듣는 소리로 기분마저 상쾌해진다. 숲이란 도대체 무엇이기에 이런 조화(造化)를 부리는 것일까?

사람들은 괴롭거나 답답할 때 위안처를 찾는다. 시집간 딸은 친정집을, 실향민이나 고향을 떠나온 이민자는 향수병(鄕愁病)까지 앓으며 고향을 그리워한다. 오죽하면 수구초심(首丘初心)이란 사자성어가 생겨났을까. 우리는 마음이 답답하고 허전하거나 머리가 복잡할 때, 마음을 비우고 또 채우기 위해 숲을 찾는다. 왜 하필이면 숲을 찾을까?

그 이유는 숲이 우리 마음의 고향이기 때문이다. 인류학자들은 인류가 동아프리카의 사바나 숲에서 오스트랄로피테쿠스(Australopithecus), 호모 하빌리스(Homo habilis), 호모 에렉투스(Homo erectus), 호모 사피엔스(Homo sapiens), 호모 사피엔스 사피엔스(Homo sapiens sapiens)로 진화·발전하였다고 말한다(다음 백과사전, 2019. 7. 10.). 이와 같은 의미에서 숲이야말로 우리의 원형(原型)이라 할 수 있으며, 숲을 찾는 것은 바로 우리 마음의 고향을 찾는 것이다.

숲(forest)이란 본래 수풀의 준말로서 나무와 풀이 우거진 곳,

[몸과 마음의 힐링을 찾아 소요산 숲으로 향하는 사람들]

"산이 있어 사람이 찾고,

사람이 찾아 산이 있네."

1. 숲이란 무엇인가

나무가 무성하게 꽉 들어찬 곳, 또는 풀, 나무 및 덩굴이 한 데 엉킨 곳을 말한다. 우리나라에서는 산(山), 산림(山林), 삼림(森林)과 숲이라는 용어가 혼용되어 쓰이고 있다.

윤상욱 등(1990)은 삼림(森林, forest)은 비교적 넓은 면적의 수목 집단으로 삼림생태계란 의미가 함축되어 있고, 산림(山林)이란 나무와 대나무 등이 현재 존재하거나 이전에는 존재했으나 지금은 잘려나갔거나 그것들을 심을 목적으로 사용하는 토지를 말하며, 산(山, mountain)은 동식물의 존재 여부와 상관없이 주변 지표면보다 다소 급하게 솟아오른 자연기복을 말한다고 하였다. 여기에 오름을 더할 수 있는데, 오름이란 개개의 분화구를 갖고 있는 기생화산을 말한다(이우평, 2002). 제주도에는 368개의 오름이 있다. 또한 숲의 기준을 어디에 두느냐에 따라 침엽수림과 활엽수림, 상록수림과 낙엽수림, 자연림과 인공림, 단순림과 혼합림, 경제림과 보안림, 용재림과 연료림, 국유림과 사유림 등으로 나눌 수 있다(윤상욱 외, 1999).

흔히 숲을 말할 때면 환경과 생태계라는 단어가 따라 다닌다. 환경이라는 용어는 통상적으로 사람을 둘러싼 환경과 생물을 둘러싼 환경의 두 가지 의미로 쓰인다. 사람을 중심으로 이야기하는 생태학에서는 사람을 포함한 모든 생물을 둘러싼 생물적 · 비생물적 환경이 생물의 삶과 영향을 주고받는다(네이버 지식백과, 2018. 12. 20.). 생태계란 환경 속에서 사는 생물과 생물을 둘러싸고 있는 토양 · 공기 · 수분 등과 같은 비생물적 환경

[한라산과 제주의 오름들]

"불로장생의 불로초 전설이 깃든

신선이 산다는

봉래산, 방장산, 한라산

1. 숲이란 무엇인가

등을 통틀어 말하며, 작게는 연못과 같은 좁은 범위에서 크게는 지구 자체도 하나의 생태계라고 할 수 있다(다음 백과사전, 2018. 12. 20.).

우리나라에서는 건강 증진 및 질병 치유와 휴양을 위하여 정부 및 민간관련 단체 차원에서 산림휴양림, 자연휴양림, 치유의 숲, 숲체원, 도시의 숲, 체험의 숲, 삼림욕장, 학교 숲, 명상의 숲 등의 공간을 조성하여 운영하고 있다. 숲에서 생태교육, 자연교육, 환경교육, 체험교육, 숲 체험교육, 숲 생태교육, 숲 체험활동 등을 하고 있으며 교육 및 활동 효과를 극대화하기 위하여 다양한 프로그램을 개발·운영하고 있다.

숲이란 나무, 풀, 꽃, 덩굴, 곤충, 동물, 물, 이슬, 돌, 바위, 흙, 공기, 빛 등 다양한 요소가 모여 함께 호흡하며 상호작용하는 곳이다. 제6차 국가산림자원조사의 분석결과, 우리나라 산림면적은 633만 5000ha로서 국토의 63.2%를 차지하고 있어(산림청, 2019. 7. 9.) 주변 어디서나 쉽게 접할 수 있고 다양한 활동이 가능하다. 이러한 활동을 산림치유, 산림활동, 숲 치유, 산림이용, 산림경험, 숲 체험, 산림 테라피 등으로 부른다. 이 책에서는 활동의 명칭을 숲 체험으로 통일하고, 인용할 때는 정부에서 공식적으로 사용하는 산림치유 등의 용어를 그대로 사용하였다. 그리고 숲 체험 프로그램을 '숲이 있는 공간에서 참여자들의 지(知)·정(情)·의(意)의 변화를 위해 숲과 숲 주변을 매개체로 이용할 수 있는 모든 자원을 최대한 활용하여 이루어지는 체험

[서귀포 돈내코 계곡에서 휴식 중 교사와 담소]

"숲은 모든 순간순간이 새로운 경험이다.

누구에게도 등기되지 않은 평생 자산이다."

1. 숲이란 무엇인가

학습'으로 정의하였다.

2. 우리나라는 숲을 어떻게 관리하고 있을까

우리나라는 국토면적의 63% 이상이 산림지역이다. 그러나 60년대까지는 울창한 숲보다는 민둥산이 많았다. 그 이유는 전란(戰亂)과 의(衣), 식(食), 주(住)의 문세가 결부된 영향이 컸나고 본다. 일본이 대동아공영권이란 미명하에 각종 수탈을 일삼았고, 6 · 25 전쟁의 포화로 인한 삼림의 피해가 컸으며, 목조건물과 나무 땔감에 의한 난방 등 일상생활 전반에 걸쳐 나무에 의존하였다. 특히 제주도와 같이 목축을 했던 지역에서 공공연한 화입(火入)은 민둥산의 주범이었다. 사회가 발전함에 따라 지금과 같은 콘크리트 건축물과 아파트 문화, 가스를 사용한 취사와 난방 수단의 다양화가 이루어지며 의식주 문화와 생활 패턴에 큰 영향을 주었다. 또한 1960년도부터 시작한 치산녹화 정책과 산불예방 캠페인, 강력한 입산통제 정책, 전 국민의 식목일 동참 등의 결정체가 바로 오늘의 명품 숲과 자연환경이 완성시켰다. 필자도 초등학교 때부터 전교생이 삽과 곡괭이를 들고 신작로와 오름에 나무를 심고 산불예방 리본을 가슴에 패용하고 다녔던 기억이 바로 어제와 같이 떠오른다.

산림청에서는 산림 속 휴양활동의 특징을 '도시적 시설과 문명의 이기를 떠나 자연 속에서 이루어지는 활동'이라고 하였다. 휴양활동의 대상은 산림을 구성하는 숲과 숲에 있는 각종 동식물, 그리고 이들의 생활터전인 땅과 계곡물 등의 지형조건 등 다양하다. 여기에는 자연휴양림, 숲속 수련원, 도시 숲, 국민의 숲, 삼림욕장, 숲과 함께하는 명소, 도시애(愛)숲, 치유의 숲, 수목원 등이 있으며, 이곳에서 생태적·문화적·경관적 가치를 증진하는 활동을 체계적으로 관리하고 있다. 국가적 차원에서 1980년 대부터 대관령 자연휴양림을 시작으로 산림욕장, 숲속수련상 등 산림 내에 다양한 휴양시설을 조성하였으며, 1990년도에는 산림법을 정비하고, 2005년에는 산림문화휴양에 관한 법률을 제정하는 등 법적·제도적 장치를 마련하여 국가 차원의 지원체제를 갖추고 있다. 그 종류는 다음과 같다(산림청, 2019. 2. 1.).

1) 자연휴양림

자연휴양림이란 국민의 정서함양·보건휴양·산림교육 등을 위하여 조성한 산림(휴양시설과 그 토지를 포함)을 말한다(「산림문화·휴양에 관한 법률」 제2조). 즉, 자연휴양림은 산림소유자의 소득 향상 등 산림자원의 지속가능한 경영을 도모하면서 숙박시설, 편의시설 등 기본적인 휴양시설을 설치하여 국민의 보건휴양, 정서함양, 산림교육 등을 위해 야외휴양공간을 제공하는 곳이다.

[한라산 철쭉 군락지]

"건강의 숲에 의한,

Eco Healing"

통상적으로 자연휴양림에는 울창한 숲, 맑은 물이 흐르는 계곡, 통나무집, 호젓한 숲속 산책로가 설치되어 있으며, 관리 운영 주체에 따라 국립·지자체·개인자연휴양림 등으로 구분하여 운영된다. 국립자연휴양림은 강원도 지역에는 청태산, 용화산, 용대, 삼봉, 복주산, 백운산, 방태산, 미천골, 두타산, 대관령, 검봉산 자연휴양림이, 경기도 일원에는 중미산, 유명산, 운악산, 산음, 아세안 자연휴양림이, 경북지역에는 통고산, 칠보산, 청옥산, 운문산, 대야산, 검마산 자연휴양림이, 경남지역에는 지리산, 남해 편백 자연휴양림 등이 분포해 있다. 충북지역에는 황정산, 속리산 마티재, 상당산성 자연휴양림이, 충남지역에는 희리산 해송, 용현, 오서산 자연휴양림이 있다. 전북지역에는 희문산, 운장산, 변산, 덕유산 자연휴양림이, 전남지역에는 천관산, 진도, 방장산, 낙안민속 자연휴양림이 분포해 있다. 울산에는 신불산 폭포 자연휴양림이 있으며, 제주도에는 제주절물, 서귀포 자연휴양림 등 42개의 국립자연휴양림이 있다. 그리고 지방자치단체에서 운영하는 자연휴양림은 전국적으로 102개소가 있으며, 개인이 운영하는 자연휴양림도 20개소가 있다(산림청, 2019. 2. 1.).

2) 숲속 수련원

숲속 수련원은 숲체원과 어성전 숲속 수련장이 있다. 숲체원은 강원도 횡성군 둔내면에 위치해 있으며 산림청에서 운영·관리한다. 놀이와 유희만을 강조하는 기존 캠프 중심의 청소년 수련원 시설에서 벗어나 사람들이 숲속에서 자연과 하나 되고 숲의 중요성과 가치를 이해할 수 있도록 체험 위주의 프로그램이 마련되어 있다. 또 강원도 양양군 현북면의 어성전 숲속 수련장은 양양국유지관리소에서 운영·관리하는 곳으로, 숲속휴양시설, 취사장, 야영테크 및 체육시설 등을 설치하여 산림문화교육장소로 이용하고 있다(산림청, 2019. 2. 1.).

3) 도시 숲

도시 숲은 자연적인 도시 숲과 인공적인 도시 숲으로 구분한다. 도시 숲이란 국민의 보건휴양·정서함양 및 체험활동을 위하여 조성·관리하는 산림 및 수목으로, 공원이나 학교 숲, 산림공원, 가로수(숲) 등을 말한다. 대표적인 도시 숲은 강원도 춘천시 근화동 일원의 공지천 녹색쌈지 숲, 대전광역시 유성구 봉명동 일원의 유림공원 도시 숲, 전남 광양시 중동 일대의 길호지구 도시 숲, 경상남도 진주시 초전동의 초전공원 도시 숲, 부산시 민락동 일원의 민락동 도시 숲, 대구광역시 중구 대봉 수성교-대봉교 간 공한지 방천둑길 도시 숲, 인천광역시 남동구 구월동 일원의 남동문화 근린공원 도시 숲, 울산광역시 울주군 온산읍의 온산공단 그린웨이 도시 숲, 경기도 수원시 장안구 영화동 그린타운 도시 숲, 충청북도 보은군 보은읍에 있는 교사리 열

[진해 벚꽃축제 장소인 하늘마루나리]

"빨리 피는 꽃, 늦게 피는 꽃

순리따라 피고 지는 꽃

모두가 아름다운 꽃"

2. 우리나라는 숲을 어떻게 관리하고 있을까

린 숲, 남원시 도통동 일원의 남원시 도시 숲 등이 있다. 도시 숲은 산림청 및 각 지방자치단체별로 조성하여 휴식과 정서함양, 아름다운 경관조성 기능 등을 활성화시킨다(산림청, 2019. 2. 1.).

4) 산림욕장

산림욕장(山林浴場)이란, 국민의 건강증진을 위하여 산림 안에서 맑은 공기를 호흡하고 접촉하며 산책 및 체력단련 등을 할 수 있도록 조성한 산림(시설과 그 토지를 포함)을 말한다(「산림문화·휴양에 관한 법률」 제2조).

산림욕을 하면 나무가 발산하는 테르펜류가 유해한 물질을 제거해 주면서, 스트레스가 완화되고 심신이 순화되는 효과가 있다. 또한 시간과 장소에 구애받지 않는 숲속에서의 산책은 신체 리듬을 회복시키고, 운동신경을 단련시킬 뿐만 아니라 인체의 심폐기능을 강화하여 기관지 천식, 폐결핵의 치료에 도움을 준다. 산림욕 실시요령은 제3부에서 자세히 다루었다.

5) 수목원

수목원이란 관찰이나 연구의 목적으로 여러 가지 나무를 수집하여 재배하는 시설을 말한다(「산림문화·휴양에 관한 법률」 제2조). 국내의 수목원은 2018년 11월 30일 기준 국립 2개소, 공

[제주대학교 숲 상담실 산림욕장]

"화려 금수강산 산야 구석구석에,
미움도 다툼도 증오도 없는 자애로운 마음,
숲에 있어라."

2. 우리나라는 숲을 어떻게 관리하고 있을까

립 29개소, 사립 24개소, 학교 3개소가 있다. 이 중에서 국립수목원은 경기도 포천시의 국립수목원, 경북 봉화군에 위치한 국립백두대간수목원이 있다.

공립수목원은 서울에 있는 푸른수목원, 부산의 화영수목원, 인천의 인천수목원과 석모도수목원, 대전의 한밭수목원, 대구수목원이 있다. 경기도에는 물향수목원, 황학산수목원, 무릉도원수목원, 화성시 우리꽃수목원, 서울대공원식물원, 황매산수목원이 있으며, 강원도 지역에는 강원도립화목원, 강릉솔향수목원, 백두대간생태수목원, 동화마을수목원이 있고, 충북에는 미동산수목원, 충남에는 안면도수목원, 영인산수목원, 봉수산수목원, 삼선산수목원, 보령무궁화수목원이 있다. 세종시에는 금강수목원이 있고, 전북에는 대아수목원이 있으며, 전남에는 완도수목원이 있다. 경북에는 경상북도수목원이 있고, 경남에는 경상남도수목원과 금원산생태수목원이 있다. 그리고 제주도에는 한라수목원이 있다(산림청, 2019. 2. 1.).

사립수목원도 전국에 분포되어 있다. 경기도에는 한택식물원, 들꽃수목원, 평강식물원, 아침고요수목원, 장흥자생수목원, 곤지암수목원, 용도수목원, 산들수목원, 덕평공룡수목원이 있다. 세종시에는 베이트리파크수목원이, 울산시에는 울산테마식물수목원이 있다. 강원지역에는 한국자생식물원과 제이든가든수목원이 있고, 충남에는 천리포수목원, 고운식물원, 그림이 있는 정원이 있으며, 전북에는 한국도로공사수목원, 전남에는

[경기도 가평군 상면의 아침고요 원예수목원]

"파란 마음, 하얀 마음, 맑은 마음이
조화롭게 살아가는 숲으로 가자."

2. 우리나라는 숲을 어떻게 관리하고 있을까

정남진수목원과 상상수목원이 있다. 경북에는 기청산식물원, 경남에는 자굴산치유수목원과 진해보타닉뮤지엄이 있다. 제주도에는 상효원과 숲트리수목원 등이 조성·운영되고 있다

학교 수목원은 전국에 3개소가 있다. 경기도 안양시 만안구 예술공원로에 서울대관악수목원이, 경기도 성남시 수정구 적푸리로에 신구대학수목원이 있고, 전라북도 익산시 익산대로에는 원광대학교 자연식물원이 있다(산림청, 2019. 2. 1.).

6) 치유의 숲

치유의 숲이란 산림치유를 할 수 있도록 조성한 산림(시설과 그 토지를 포함)을 말하며(「산림문화·휴양에 관한 법률」제2조), 산림의 다양한 환경요소를 활용할 수 있다. 2019년 2월 1일 기준으로 강원도 강릉시 성산면에 대관령 치유의 숲, 경기도 가평군에 있는 잣향기 푸른 숲, 경기도 포천시 신북면에 있는 포천 하늘아래 치유의 숲, 충청북도 영동군 영동읍에 소재한 민주지산 치유의 숲, 충청북도 충주시 종민동에 있는 충주 치유의 숲, 전라남도 장성군 서삼면에 위치한 장성 치유의 숲, 장흥군 장흥읍에 있는 정남진 편백 치유의 숲, 화순근 화순읍에 있는 화순 만연산 치유의 숲, 경상북도 영주시 봉현면에 있는 다스림(국립산림치유원)과 제주특별자치도 서귀포시 호근동에 있는 서귀포 치유의 숲이 있다(산림청, 2019. 2. 4.).

7) 국가산림문화자산

국가산림문화자산이란 산림 또는 산림과 관련되어 형성된 것으로서 생태적 · 경관적 · 정서적으로 보존할 가치가 큰 유무형의 자산을 말한다(「산림문화 · 휴양에 관한 법률」제2조). 국가에서는 전국적으로 가치가 있는 산림관련 자산을 합리적으로 관리 · 보존하기 위하여 2014년부터 지정하기 시작하여 2019년 4월 기준으로 41개소를 지정 · 관리하고 있다. 충청남도에서는 산림문화자산을 발굴하여 산림교육, 체험활동, 치유의 숲길과 연계하여 '관광자원화'를 시도하고 있다(파이낸셜뉴스, 2019. 7. 3.). 이 책을 읽는 독자들 역시 국가산림문화자산을 보호하고 관리하는 데 협조는 물론, 우리 주변에 보호하고 관리할 가치가 있는 산림자산이 있는지 늘 관심을 갖고 생활하길 소망해 본다.

국가산림문화자산이 지정된 번호 순으로 보면, 홍릉숲, 화천 동촌 황장금포, 영월 법흥 황장금포, 평창 평안 봉산동계표석, 인제 미산 산삼가현산서표 1 · 2, 대관령 특수조림지, 방동약수 및 음나무, 인제 한계 황장금표 및 황장목림, 담양 메타세쿼이아 가로수길, 완도수목원 가시나무와 숯가마터, 해남 관두산 풍혈과 샘, 울진 소광황 장봉산의 동세표석, 강릉 노추산 삼천 모정탑, 금강 발원지 뜬봉샘, 위봉폭포, 섬진강 발원지 데미샘, 나주 불회사 비자나무 및 차나무숲, 울릉 도동 향나무(울릉석향), 천관산 동백나무와 숯가마터, 순천 고동산 산철쭉, 유달산저수 · 저

[서귀포 치유의 숲]

"추억이 쌓이고
그리움이 묻어나는 곳"

사댐과 사방시설, 고흥 나로도 편백숲, 부안 서림공원, 임정유애비, 남원 구룡계곡 구룡폭구곡, 남원 신기마을 비보림과 축성표석, 부안 봉래곡 직소폭포, 남원 남계 닭뫼, 비보림, 신안 반월 당산숲, 밀양 안촌마을 당산숲, 진안 하초 마을숲, 장수 할미봉 대포바위, 담양 용소, 신안 대리 당산숲, 서귀포 한남 삼나무숲, 평창 봉산 당산숲, 담양 죽녹원 대나무숲, 거창 갈계숲, 가평 유명산자연휴양림 숲속의 집, 양평 산음자연휴양림 숲해설 코스, 봉화청 옥산자연휴양림 무림당 등이디(신림청, 2019. 2. 8.).

3. 숲은 우리에게 무엇을 주고 있는가

생각만 하여도 상쾌하고 보기만 하여도 통쾌한 숲 내음에 취해 본 적이 있는가? 소슬하게 부는 바람도, 산새의 종알거림도 모두가 사랑이 되어 평온을 느낀 적은 없었나? 숲은 우리에게 아무런 조건도 쉼도 없이 사시사철 건강과 평온과 사랑을 주고 있다. 숲이 우리에게 베푸는 것 중에서 열 가지를 선별해 보면 다음과 같다.

1) 치료와 치유의 휴식 공간

우리가 사는 세상에는 몸과 마음의 건강을 위한 치료나 치유요

[소요산 자재암(自在庵)에서 개최된 산신대제 및 단풍불교문화축제의 한 장면]

"경이로운 숲의 향기에 취한 그대
웰빙의 진정성을 찾은 당신"

법이 많다. 기치료, 독서치료, 드라마치료, 동물보조치료, 미술치료, 모래놀이치료, 문학치료, 심상치료, 사진치료, 숲치료, 시치료, 수치료, 이야기치료, 인형치료, 원예치료, 예술치료, 영화치료, 음악치료, 웃음치료, 아로마치료, 식이치료, 최면치료, 향기치료 등 이렇게 치료 기법의 종류가 다양한 이유는 백인(百人)·백병(百病)·백약(百藥)의 원리에 기인하기 때문이라고 볼 수 있다.

숲을 가만히 생각해 보자, 무엇이 떠오르는가? 나무, 풀잎, 고운 햇살, 나무의 그림자, 바람, 진한 녹색, 싱그러운 냄새, 예쁜 꽃, 풀벌레, 이슬방울, 낙엽, 단풍, 새소리 등이 떠오를 것이다. 숲속의 이 모든 우수마발(牛搜馬勃)은 사람의 몸과 마음을 치유하는 능력이 있다. 그래서 사람은 힘들거나 우울하고 답답하면 생활에 찌든 때를 벗기 위해 자연과 산, 그리고 숲을 찾는다.

숲치료는 숲이 갖고 있는 향기, 경관, 소리 등 자연의 다양한 요소를 활용하여 인체의 면역력을 높이고 건강을 증진시키며, 스트레스를 감소시키고 정신건강을 개선해 준다. 또 자존감과 자신감을 향상하는 데 도움을 준다. Schreyer과 Driver(1990)는 숲에서의 체험이 자신감 및 자의식을 증가시키고 스트레스를 감소시키며, 육체적 건강과 정신건강을 향상시켜 준다고 하였다. 차진경, 김성재(2009)도 알코올의존자를 대상으로 2박3일 동안 프로그램을 실시한 결과, 숲 체험 프로그램이 신체적·정신적·사회적·영적 건강의 측면에서 긍정적 효과가 있음을 밝혔다.

신원섭 등(2007)은 우울한 대상자에게 2박3일간의 산림치유 캠프를 실시한 결과, 알파파의 발생량이 많아진 깃으로 나타나 숲 체험이 심리안정에 영향을 준다는 사실을 확인하였다. 최삼욱 등(2015)은 청소년들을 대상으로 산림치유활동을 실시하였다. 그 결과, 산림치유활동이 청소년의 대인관계 개선, 집중력 향상, 정서안정감 증진과 충동적 행동을 억제하는 데 효과가 있음을 확인하였다.

오창홍 등(2012)은 인터넷중독 고위험군인 중학생을 대상으로 숲 체험 프로그램을 실시하여 공격성, 충동성, 우울감이 감소되었고, 자기효능감 증진과 인터넷중독 증상이 완화되었음을 보고 하였다. 오창홍 등(2016)은 인터넷중독 청소년을 대상으로 숲 체험 프로그램을 실시하였다. 그 결과, 숲 환경이 자아존중감 증진, 인터넷중독 완화, 자기통제력과 자기효능감을 증진시켰다(오창홍, 2016).

신원섭(1997)은 숲 체험이 스트레스 요인을 극복하여 성취감을 주고, 자아개념 및 자아존중감을 증가시켜 자기조절력과 사회적 적응력을 향상시키며, 아동과 청소년에서 야기되는 학교부적응 문제해결에도 도움을 준다고 하였다.

남수자(2013)는 초·중학생 시절의 다양한 숲 체험활동이 학교폭력 문제나 사회부적응 학생의 문제를 사전에 방지하고 심리적 안정과 도덕적 능력을 증진시킨다고 하였다. 김지혜와 이현림(2006)은 초등학교 5학년을 대상으로 숲 체험을 통한 조직

[충남 서산군소재 희리산 해송자연휴양림 입구 산천저수지]

"가을 햇살 소복이 쌓이고
그리움 살포시 쌓이는 숲으로 가자."

3. 숲은 우리에게 무엇을 주고 있는가

캠프 집단상담을 실시한 결과, 학급 내 활동과 학습에 대한 태도 및 행동이 개선되었다고 하였다. 이처럼 산림이 주는 심리치료적 효과는 산림이 일상에서 벗어난 자유를 느끼게 하고 본래의 자기를 찾도록 도와준다고 볼 수 있다.

이와 같이 여러 연구에서 숲속에서의 활동에 대한 효과가 검증되고 있는데, 이는 숲을 통하여 해방감과 생동감을 얻기 때문이다. 이처럼 숲속에서의 활동은 실내활동보다 훨씬 더 많은 것을 얻을 수 있다. 그렇기에 논어에서도 지혜로운 자는 물을 좋아하고 어진 자는 산을 좋아한다고 한 것이다.

2) 자연살균제, 피톤치드

꽃가게에는 꽃 냄새가, 생선가게에는 생선 냄새가 난다. 좋은 생각을 하면 좋은 일이 생기고, 부정적인 생각을 하면 좋지 않은 일이 생긴다. 주변 환경과 생각이 시나브로 우리에게 영향을 미치고 있다. 깨끗하고 아름다운 환경을 만들고 접할 때, 우리 스스로 깨끗하고 아름다워진다.

필자의 고향은 시골이다. 어릴 때에 풀을 베어다가 마당에 깔고, 한 켠에 모깃불을 피워 놓고 누워 있으면 좋은 풀냄새에 따라 어느새 깊게 잠이 들곤 했다. 요즘 말하는 좋은 잠이 건강에 도움이 된다는 진리다. 그 향기롭고 딱히 무엇이라고 표현할 수 없었던 냄새가 피톤치드의 냄새라는 것을 그때는 몰랐다. 지금도 필자는 친환경 무농약을 표방하여 10년째 매실 밭에 제초제를 사용하지 않고 풀을 베고 있다. 풀을 베거나 전정(剪定)을 할 때면 향기롭고 풋풋한 향기가 난다. 식물이 자신을 보호하기 위한 방어기제로 사용하는 피톤치드라는 명약을 우리는 건강을 위하여 감사하게 받아 사용하고 있다. :

숲은 우리에게 깨끗하고 아름다우며 건강한 환경을 제공한다. 숲속에 들어가면 시원한 느낌이 드는 것은 삼림이 풍기는 피톤치드 때문이다. 피톤치드(phytoncide)란 '식물'이란 뜻의 'phyto-'와 '죽이다'는 뜻인 '-cide'의 합성어인데, 이는 자신을 방어하는 물질로 식물 스스로 내는 항균성 물질의 총칭으로 어느 한 물질을 가르키는 것이 아니다. 식물이 분비하는 수목 주위의 포도상구균, 연쇄상구균, 디프테리아 등 미생물을 죽이는 휘발성 살균 물질을 뜻하며, 이는 미국의 세균학자 Waksman이 만든 용어이다(윤상욱 외, 1999에서 재인용). 피톤치드의 좋은 점은 일반 항생제보다도 적용범위가 넓고 자연계에 흔히 있는 물질로서 인체에 무리 없이 흡수되며 부작용도 없다는 점이다. 피톤치드가 풍부한 숲에서는 병원균이 살 수 없어 질병환자가 숲에서 요양하며 자연치유되는 모습을 방송 등에서 쉽게 볼 수 있다.

모든 식물은 항균성 물질인 피톤치드를 함유하고 있다. 따라서 집안에 여러 종류의 화초와 나무 등을 가꾸면 피톤치드의 효능으로 집안이 보다 건강해진다. 손기철(2007)은 실내 온열환경이나 공기질 개선과 같은 효과를 지닌 식물 15종을 소개하였다. 관음죽은 실내 공기질 개선과 암모니아와 클로로포름 제거에, 네프롤레피스는 실내 휘발성 유기물질 중 포름알데히드 제거에, 대나무야자는 벤젠, 트리클로로에틸렌, 포름알데히드 제거에, 드라세나는 포름알데히드와 트리클로로에틸렌 제거에 탁월한 효과가 있다. 벤자민 고무나무는 포름알데히드, 자일렌, 벤젠, 질소화합물, 오존 제거에, 산세베리아는 포름알데히드 제거에, 선인장 및 다육식물은 이산화탄소 흡수와 산소를 배출하고, 스파티필름은 휘발성 유기물질 중 알코올, 아세톤, 트리클로로에틸렌, 벤젠, 포름알데히드, 질소산화물, 이산화황, 오존 등의 제거에, 싱고니움은 포름알데히드, 벤젠, 톨루엔, 자일렌과 같은 휘발성 물질 등의 제거에, 아이비와 헤데라는 벤젠과 포름알

[기능성 실내식물의 종류]

데히드, 트리클로로에틸렌 제거에, 왜성대추나무야자는 자일렌 제거에 효과적이다. 또한 인도고무나무는 미세분진과 포름알데히드 제거에, 파키라는 암모니아 제거에 효과적이며, 황야자는 실내습도 조절과 휘발성 유기물질을 제거하고, 꽃이 있는 분화식물은 증산작용을 활발하게 해 주며, 포름알데히드, 벤젠, 암모니아 등을 제거하는 효과가 있다.

이 외에도 피톤치드의 효과는 다양하다. 숲에 들어가면 상쾌한 기분이 드는데 이 상쾌감은 자율신경의 안정에 효과가 있으며, 스트레스를 완화하고 간 기능을 개선하며 쾌적한 수면을 도와준다. 또한 숲속에서는 썩은 나무, 나뭇잎, 동물의 배설물과 사체 등으로 좋지 않은 냄새가 나야 하는데, 오히려 향기로운 냄새가 나는 이유 역시 피톤치드의 공기정화, 탈취 효과 덕분이다. 그리고 숲은 몸에 있는 곰팡이나 진드기를 비롯한 각종 병원균을 부작용 없이 깨끗이 처리해 주기도 한다.

과유불급(過猶不及)이란 말이 있니. 아무리 좋은 것도 많이 접히면 부작용이 생길 수 있기에 피톤치드도 지나치게 접하면 중독이 되거나 탈이 나지 않을까 걱정할 수도 있다. 그러나 지금까지 많은 학자의 연구결과를 종합해 보면 피톤치드는 살균작용보다는 항균작용을 해서 면역력을 높여 주기 때문에 아무리 많이 마셔도 괜찮고 많이 접할수록 좋다고 본다. 따라서 숲속에서는 모자 등을 벗고 비교적 통풍이 잘 되는 옷이나 피부노출을 하여 피톤치드와 접촉하는 것이 좋다. 신원섭(2007)도 피톤치드

[제주아라동 편백숲]

"어린 아이 귀밑 솜털 같이 부드러운

감성이 살아 숨 쉬는 어머니 품속 같은 숲"

는 일반 항생제에서 나타나는 고질적인 내성이나 부작용이 없다는 연구결과를 인용하여 설명하였다. 숲속에서 온 몸과 마음으로 피톤치드를 맞이하자. 수종별 피톤치드 함량은 아래와 같다(〈표 1-1〉 참조).

〈표 1-1〉 **국내 침엽수 수종별 피톤치드 함량**

수종	피톤치드 발생량 (㎖/100g)	수종	피톤치드 발생량 (㎖/100g)
편백나무	5.2	향나무	1.8
구상나무	3.9	소나무	1.7
삼나무	3.6	잣나무	1.6
화백나무	3.1	측백나무	1.0
전나무	2.9	리기다소나무	0.7

출처: 박재철(1991): 김순두(2011)에서 재인용.

3) 녹색커튼과 긴접광

요즘은 잿빛 재난의 시대이다. 시도 때도 없이 스마트폰에 경고 메시지가 뜨고, 길거리마다 마스크로 얼굴을 가린 사람들을 심심치 않게 볼 수 있다. 한 겨울도 아니고 감기환자도 아닌데 왜 마스크로 입과 코를 가리고 다닐까? 그 이유는 심각한 미세먼지 때문이다.

필자가 군직에 있을 때, 약 3년간 시멘트 공장 근교에서 활동한 적이 있다. 공장 인근지역 주민의 고충은 심각했다. 시멘트 가루가 흩날려 밖에 빨래를 널 수 없었고, 지붕나나 시멘트 가루가 뿌옇게 쌓여 있었다. 집집마다 꽁꽁 닫혀 있던 창문의 모습이 지금도 눈 앞에 떠오른다. 주민 중에는 기관지와 폐 관련 질병을 앓는 분도 많았다는 이야기도 들은 기억이 있다. 그런데 우리들은 인근의 울창한 숲속에서 주야를 가리지 않고 전술훈련을 했음에도 주민들이 느끼는 고충이나 불편을 체감하지 못했다. 이제 와서 생각해 보면 그때 시멘트 가루를 막아 우리를 지켜 주었던 것이 바로 숲이 지닌 녹색커튼이 아니었을까 하는 생각이 든다.

숲속에서도 습관처럼 모자를 쓰고 활동하는 사람들의 모습을 종종 볼 수 있다. 햇빛을 직접적으로 받으면 검버섯, 주름살, 피부염, 심지어는 피부암 발생 가능성마저 높아지기 때문에 쉽게 밖에 나설 수 없고, 나갈 때는 피부를 가리고 노출이 불가피한 부분에는 썬크림, 썬팅 등으로 중무장을 하고 나서곤 한다. 필자도 등산이나 산행, 숲으로 갈 때면 꼭 모자를 쓴다. 하지만 숲에는 직사광선을 차단하는 천연차광막이 있다. 그러니 숲속에 들어가면 깊게 눌러썼던 모자를 벗고 머리카락과 두피에도 신선한 공기와 햇볕을 맛보게 한다. 숲속에서는 위협적인 햇빛이 나무와 나뭇잎에 1차 투사도 되고 풀잎과 풀잎 사이로 반사되어 비집고 들어오는 간접광을 마음 놓고 쬘 수 있다.

간접광(incident light, 間接光)이란 식물이 직사광선을 흡수한 뒤 해로운 자외선을 걸러 낸 빛을 말한다. 숲속을 걸을 때면 햇

[제주 탐라 계곡]

"신선들의 휴식처
사람들의 치유의 공간"

3. 숲은 우리에게 무엇을 주고 있는가

47

빛의 직사광선을 흡수하고 자외선을 걸러 냄으로써 몸에 유익한 간접광을 쬐는 것이다. 숲길 걷기나 숲 명상을 할 때, 또는 삼림욕을 하면서 간접광을 곁들인다면 금상첨화(錦上添花)가 될 것이다.

4) 자연항암제, 비타민 D

인기리에 방송된 〈먹거리X파일〉(2014. 3. 22.)에서 '자연항암제 비타민'에 대해 다룬 내용을 시청한 적이 있다. 방송에 따르면 우리나라 국민의 90%는 비타민 D가 부족하다고 한다. 특히 사무실에서만 근무하는 직장인, 교실 위주로 활동하는 학생, 피부 노화 및 자외선 차단을 위하여 피부를 햇빛에 가리고 다니는 여성분은 더 심각한 편이라 했다.

비타민 D는 지용성 비타민으로 칼슘 흡수를 도와준다. 또한 칼슘과 인의 대사조절에 관여하고 뼈 성장에 도움을 주어 뼈를 튼튼하게 하며 면역력을 높여 준다. 따라서 비타민 D가 부족하면 어린이는 뼈가 약해져 부러지기 쉽고 구루병 위험도 커진다. 어른의 경우 비타민 D가 부족하면 골연화증과 골다공증, 당뇨, 알레르기성 위염은 물론 면역력 계통의 질환과 암 발생의 위험이 있다. 이와 같이 중요한 비타민 D는 등푸른 생선, 유제품류, 버섯류에 많이 들어 있다.

신원섭(2007)은 비타민 D를 음식섭취만으로는 충분히 얻을 수 없기 때문에 숲속에서 햇빛 쬐기를 권하면서, 이는 마치 종합비타민을 복용하는 것과 같다고 하였다. 미국 보스턴대학교의 Horlyck 교수 역시 비타민 D는 체내에서 유익한 호르몬으로 변해 뼈 보호와 세포 증식 조절, 발암 세포의 증식을 억제한다고 하였다(신원섭, 2007에서 재인용).

햇빛으로 검게 그을린 피부에서 건강미를 찾아볼 수 있다. 그러나 햇빛에 오랜 시간 노출되면 기미, 피부노화, 일광화상과 같은 부작용이 생길 수 있다. 이러한 부작용을 줄이기 위해 사람들은 썬크림과 양산 등으로 피부를 보호한다. 하지만 숲속에서 햇빛을 받으면 비타민 D를 더 많이 생성할 수 있으며, 따로 피부를 보호하는 조치를 취하지 않아도 앞서 언급한 부작용에 대해 비교적 안전하다. 전문가들은 숲에서 썬크림 등을 사용하지 말고 바람이 잘 통하는 복장으로 활동하기를 권장한다. 특히 가을에 숲에서 햇빛을 많이 쬐면 비타민 D가 체내에 저장되어 겨울을 보다 건강하게 보낼 수 있다고 한다. 아프다고 얼굴 찡그리거나 병원비 아깝다고 속 끓이지 말고, 언제나 비타민 D를 제공하는 숲으로 가자.

5) 행복의 호르몬, 세로토닌

프랑스 철학자 Alain은 "즐거움은 어떤 명의보다 더욱 솜씨 좋게 육체를 내부에서 치료해 준다. 두려운 병의 치료에 행복은

[전북 부안 내소사 전나무 숲길]

"나는 숲이 있어 좋다. 나랑 놀아 주니까.
나는 숲길이 있어서 좋다. 나랑 함께 걸어가니까."

가장 좋은 약이다."라고 하였다(장준근, 2003에서 재인용). 미국 럿거스 대학교의 Helen Fisher 교수는 사람이 사랑에 빠지면 그 단계마다 뇌에서 화학물질인 도파민, 아드레날린, 세로토닌이란 호르몬이 분비된다고 하였다. 이시형(2010)은 세로토닌이 분비되면 극단적인 행동을 조절하고, 기억력과 창조성이 증가하며, 의욕과 안락함을 얻을 수 있다고 하였다. 우리가 아름다운 나무와 숲을 바라보는 순간, 우리 몸에 이로운 호르몬이 분비되어 생리적이고 신체적인 변화를 일으킨다.

세로토닌은 뇌에서 만들어지는 신경전달물질로, 혈액에서 분리된 활성물질이란 뜻을 가지고 있다. 세로토닌은 손상된 마음과 세포를 회복하도록 돕는 조절물질이며, 행복의 지표물질이다. 이것은 스트레스를 받아 균형이 깨진 자율신경을 회복시키는 역할도 한다. 세로토닌이 부족하면 몸이 면역력이 떨어지고 우울증과 같은 질환을 일으킨다. 세로토닌의 혈중 농도가 조금만 변해도 사람은 예민해진다. 스트레스를 받거나 울적하고 기분 나쁜 일은 세로토닌의 분비를 억제하여 기분을 더욱 우울하게 한다. 자연에서의 즐거운 활동, 규칙적인 운동, 긍정적 사고 그리고 콩, 생선, 달걀, 우유 등의 음식을 섭취하면 행복 호르몬인 세로토닌의 분비를 도울 수 있다. 햇빛은 세로토닌 생성에 중요한 역할을 한다. 특히 숲속의 햇빛은 부드럽고 적당한 간접광으로 세로토닌의 분비를 도와 준다.

또 숲에 가면 마음이 즐겁고 편해지며 감정도 긍정적으로 변

[양구군 후곡리 약수골 캠프촌 숲속 캠핑장]

"산새마저 잠든 깊은 밤

저 텐트 속에선 어떤 옛날에······

도란도란 들리는 세상에서 제일 아름다운 소리."

화되는데, 이는 숲의 주 색깔인 녹색, 청색, 황색 계통의 색체에 의한 영향이다. 색체심리학에서는 이런 색체는 온건(穩建)한 분위기로 마음을 편하게 해 준다(Birren, 1985). 그래서 사람들은 기분이 우울하고 울적할 때 숲을 찾아가 마음의 평온을 얻는다. 숲에서의 활동은 세로토닌의 분비를 활성화시켜 감정도 긍정적으로 변화시켜 준다. 불안하고 화가 나더라도 숲속에 앉아 있으면 어느덧 마음이 편안하고 행복해진다.

이양희 작가는 『나무』라는 수필에서 "나무는 덕을 지녔고, 주어진 분수에 만족할 줄 알고 나무로 태어난 것을 탓하지 않고, 아름다운 꽃을 피우고 열매를 맺고 천명을 다한 후에는 다시 흙으로 돌아간다."라고 했다. 우리는 나무와 숲을 보면서 많은 것을 배우고 느끼며 생각하게 한다. 숲은 누구도 편애하지 않으며 모든 것을 아낌없이 주고 누구에게나 공평하다. 숲에서 보고 듣고 느끼는 것은 각자의 몫이다.

6) 신경안정제, 음이온

누구나 계곡이나 쏙포처럼 물이 흐르는 곳에서 기분이 상쾌해진 경험이 있을 것이다. 맑은 물소리, 적당한 온도와 습도, 깨끗한 공기로 인하여 청량하고 상큼한 기분이 드는데, 이것이 바로 음이온의 영향이다. 음이온은 원자나 분자가 전자를 받아들인 것으로, 자연이 우리에게 주는 신경안정제라 할 수 있다.

[강원 정선의 오장폭포]

"숲이란 여행이다. 새로운 것을 찾는 설렘이다.

숲이란 아름다움이다.

내 마음에 아름다운 채색을 하기 위해 숲으로 가자."

음이온은 인체의 면역력을 높이고 통증을 완화하며, 알레르기 체질의 개선에도 효과가 있다. 깨끗하고 신선한 공기에는 음이온의 비율이 높아 긴장을 완화하고 두통을 없애 준다. 또한 호흡기 질환을 일으키는 신경호르몬인 자유 히스타민(free histamin)을 억제하며, 혈액 정화와 저항력을 증가하고, 식욕을 증진시키며, 자율신경계를 조절한다. 미세먼지를 제거하고 살균작용을 하고 집중력을 증진한다(신원섭, 2007, 2014).

음이온은 폭포수가 있는 계곡, 파도치는 해변, 숲속에 많다. 이러한 현상은 노벨물리학상을 수상한 독일의 Phillip Lenard 박사가 발견했기 때문에 레너드 효과(Lenard effect)라고 부르기도 한다(다음 백과사전, 2019. 7. 21.). 또한 음이온을 '공기의 비타민(vitamin of air)'이라고도 한다(이태신, 2000). 숲속에 음이온이 많은 이유는 광합성 작용의 영향이다. 숲속에 가면 사람들이 차분해지고, 신진대사가 촉진되며, 세포와 장기 기능이 강화되고, 혈액정화와 순환기능이 좋아져서 혈색이 밝아진다.

숲속에 존재하는 음이온 양은 1㎥당 800~2,000개로 도시의 실내보다 14~70배 이상 많다고 한다. 대기 중에 포함된 음이온의 양은 〈표 1-2〉와 같다.

〈표 1-2〉 대기 중에 포함된 음이온의 양(입자의 수)　　　　단위: 개/㎤

환경	음이온 양	숲과의 비교
도회지 실내	30~70	1
도회지 실외	80~150	1.1~5
교외	200~300	2.8~10.0
산야	700~800	10.0~26.7
숲	1,000~2,200	14.3~73.3
인체수요량	700	

출처: 신원섭(2014).

7) 두뇌활동 증진 피로회복제, 산소

산소 없이 살 수 있을까? 상큼발랄한 사람을 흔히 산소 같은 사람이라고 한다. 봉이 김선달이 대동강 강물을 팔아먹었다던 전설이 현실이 된 것처럼 지금은 무공해 산소를 사고파는 시대가 되었다. 우리가 살고 있는 지구는 대기 중 약 21%가 산소로 이루어져 있다. 만일 산소농도가 19% 이하로 낮아진다면 가슴이 답답하고 두통, 식욕부진, 구토 등의 증세가 나타난다. 고산지대에서 느끼는 답답함과 두통은 주로 산소부족 때문에 나타나는 증상으로, 산소 농도가 4% 이하면 숨을 쉴 수가 없어서 죽음에 이를 수도 있다(김순두, 2011).

숲은 산소를 공급하는 거대한 공장이다. 나무 등의 녹색 식물은 이산화탄소와 물에서 포도당과 태양의 빛 에너지를 이용하여 광합성한다. 숲 1ha에서는 1년간 16톤의 이산화탄소를 흡수하고 12톤의 산소를 방출한다(신원섭, 2007). 한 사람이 하루에 필요로 하는 산소의 양은 0.75kg 정도이므로 1ha 숲이 생산하는 산소는 45명이 1년간 숨 쉴 수 있는 양이라고 할 수 있다. 숲에는 도시보다 산소 함유량이 1~2%정도 높으며, 또한 도시에서는 $1m^3$의 공간에 포함된 먼지 입자의 수가 10만 개인 반면, 숲에서는 500~2000개에 불과하다. 이처럼 숲은 신선하고 양질의 산소를 만들어 내며, 이러한 산소를 흡입하는 것은 건강 유지와 질병 예방에 도움이 된다(김순두, 2011).

또한 산소는 두뇌활동을 증진시켜 준다. 뇌는 우리 몸 전체의 2%에 불과하지만, 몸이 소비하는 전체산소의 25%정도를 소비한다(신원섭, 2007). 밀폐된 공간이나 고산지대 등 산소가 희박한 지역에서 두통이 생기고 머리가 무겁게 느껴지는 것도 이 때문이다. 머리를 쓰면 쓸수록 우리 뇌에는 많은 산소가 필요하다. 겨울철 난방 중에도 주기적으로 문을 열고 환기를 강조하는 것도 같은 맥락이다. 산소가 부족하면 머리가 멍해지고 집중력이 떨어질 뿐만 아니라 두뇌활동도 감소하고 정신적으로도 피로가 쌓이는데, 이럴 때 산소가 충분히 공급되면 집중력을 회복할 수 있다.

숲에 갈 때 바람이 잘 통하는 옷을 입고 땀에 젖을 정도로 걸으면 피부의 모공이 열리고 깨끗한 산소를 온몸으로 맞이할 수 있다. 장시간 숲속에 있어도 지루하지 않고 오래 걸어도 평지보다 피곤함을 덜 느끼는 것은 바로 숲의 청량한 공기와 산소 덕

[경복궁 경회루]

"아름다운 자연을 찾는 생활은

아름다운 마음을 갖는 생활이며

아름다운 마음은 자연과 하나가 되는 것이다."

분이다. 공기는 생명이며, 공기가 바뀌면 건강이 바뀌고, 건강이 바뀌면 인생이 바뀐다. 숲에서 가슴을 펴고 심호흡으로 맛있는 산소를 마시자.

8) 몸과 마음의 힐링 전도사, 자연의 소리와 테르펜

숲을 찾는 이들이 숲에 발을 딛는 순간부터 기분이 좋아지는 이유에는 여러 가지가 있지만, 그중 하나는 숲에서 들려오는 소리의 영향이다. 바람 소리, 새 소리, 나뭇잎과 나뭇가지가 부딪치는 소리, 풀벌레 소리, 낙엽 밟는 소리, 물방울 소리, 침묵의 소리 등 어느 것 하나 정겹지 않은 소리가 없다. 숲은 불쾌한 소리를 덮고 쾌적한 소리로 만들어 주는데, 이를 마스킹(masking) 효과라고 하며 이와 같이 독특한 소리로 특징지어진 산림경관을 산림 사운드스케이프(forest soundscape)라고 한다. 숲속에서 살포시 눈을 감고 자신의 소리를 들어 보자. 눈을 뜨면 주변 세상이 보이지만, 눈을 감으면 내면을 깊숙이 볼 수 있다. 내면의 소리, 심장의 고동과 맥박 소리, 숨소리, 내면의 속삭임 등 가끔은 숲속에서 자연의 소리에 몸과 마음을 맡기고 물아일체(物我一體)의 여유를 가져 보자.

숲에 들어가면 톡 쏘는 듯한 느낌을 받는 것은 테르펜(terpene)이란 물질 때문이다. 테르펜은 독특한 향과 쓴맛을 내는 지용성 물질로 피톤치드와 함께 신체에 흡수되면 피부를 자극해서 신

체의 활성을 높이고 혈액순환을 도와주며 마음을 안정시키면서
살균작용도 한다. 그 외에도 테르펜은 중추신경계 흥분 완화,
자율신경계 조절, 혈압과 심박수 저하 및 심폐기능 향상, 스트
레스 감소 및 자연 살해세포의 활성화, 항암세포를 증가시켜 주
는 효과가 있다(신원섭, 2014). 숲은 이와 같이 마음속의 향기와
외면의 피부가 상생할 수 있는 장소를 제공한다. 산림 유형별로
함유된 대표적인 향기성분은 〈표 1–3〉과 같다.

〈표 1–3〉 **침엽수림 내의 주요 휘발성 물질(테르펜류)**   (일본사례)

테르펜류	편백숲1 (아게마츠마치)	적송림 (아마나시)	편백숲2 (유노하라초)	삼나무숲 (가라츠시)
δ–3–carena	165.6	110.9	44.2	39.4
α–pinene	6,025.1	1,350.0	5,046.3	892.5
Camphene	550.1	nd	206.8	94.8
β–pinene	710.2	172.1	460.5	114.0
ρ–Cymene	407.2	nd	110.6	nd
ρ–Memtha– 1,3,8–triene	1,804.1	1,583.4	904.8	nd
Limonene	1,354.8	114.3	972.0	nd

출처: 신원섭(2014).

[열안지 숲길]

"숲을 찾아 행복을 찾고
행복을 찾아 숲을 찾자."

3. 숲은 우리에게 무엇을 주고 있는가

9) 심신안녕의 일등공신, 녹색의 향연

숲을 이루는 녹색은 눈의 피로를 풀어 주며 마음의 안정을 가져오고, 인간의 주의력을 자연스럽게 집중시킨다. 이영경(2004)은 공장근로자와 사무직 근로자들을 대상으로 산림경관(계곡경관)과 인공경관을 감상하게 한 후 심리적·생리적 스트레스 해소와 인지능력 향상의 효과를 검증한 결과, 인공경관을 감상한 경우보다 산림경관을 감상한 경우가 더 효과가 있다고 하였다.

그리고 미국 펜실베이니아주에 소재한 한 병원에서 창으로 숲이 보이는 병실에 입원한 환자와 그렇지 못한 병실에 입원한 환자의 회복세를 10년간 분석한 결과, 숲을 본 환자의 회복세가 더 빨랐으며, 미시간 주립교도소의 수감자를 대상으로 수용시설에서 숲과 자연을 볼 수 있는 죄수와 그렇지 못한 죄수를 비교한 결과, 숲과 자연을 볼 수 있는 죄수가 사고를 일으키거나 병원에 가는 비율이 그렇지 않은 죄수보다 낮았다는 보고도 있다(Ulrich, 1984). 이 연구들을 보면, 숲과 같은 자연환경은 비록 그 안에서 활동하지 않더라도 보는 것만으로도 심리적·생리적 스트레스가 해소되며 인지능력을 향상시켜 개인의 건강과 안녕에 도움을 준다는 것을 알 수 있다.

[제주 송당리 당오름 숲길 산책로]

"삶의 쉼터,

생명의 보고(寶庫),

축복의 숲"

3. 숲은 우리에게 무엇을 주고 있는가

10) 대기정화와 지구 보존의 파수꾼

윤상욱 등(1999)은 "숲이 적은 도시는 시골보다 평균 온도가 0.5도에서 1.5도 가량 높은데, 이 차이가 여름철 도시인들이 느끼는 불쾌감의 원인이 된다."라고 하였다. 이처럼 숲은 바람, 흙먼지, 눈보라 등을 완화시키는 기후 조절 기능을 하고 있을 뿐만 아니라, 비가 내릴 때는 그것을 붙잡아 두었다가 일정 시간이 흐른 뒤 다시 풀어 놓는 식으로 빗물을 흡수·저장하고 물의 유출 속도를 조절하는 이수기능이 있어 홍수와 가뭄의 피해를 줄여 준다. 그리고 요즘 관심이 고조되고 있는 지구온난화와 침수, 산사태, 미세먼지문제 등은 숲이 갖고 있는 대기정화기능과 동·식물의 서식지 제공 등으로 어느 정도 해결할 수 있다.

산림청(2019)은 40년생 나무 한 그루가 35.7g의 미세먼지를 흡수한다고 하였다. 최근에 국가 차원에서 미세먼지에 대응하기 위해 숲을 조성하고 있다. 대기오염물질을 가능한 한 막기 위한 차단 숲, 오염물질을 숲으로 끌어들여 나무의 잎과 줄기에 흡착시키거나 토양에 침강하도록 유도하는 저감 숲, 도시 외곽에서 숲의 깨끗한 찬바람을 활용해 도시의 대기오염물질을 배출하도록 하는 바람숲길 등이 여기에 속한다.

녹색식물은 1kg의 물질을 생산하는 데 약 1.6kg의 이산화탄소를 흡수하고 1.2kg의 산소를 방출해 지구 온실효과 방지에 중요한 역할을 한다. 또한 숲에 들어가면 나뭇가지와 잎 등에 의

[애월고등학교 교정에 있는 명상숲]

"숲은 내게 먼저 오지 않는다.

내가 가면 숲이 나에게로 온다."

3. 숲은 우리에게 무엇을 주고 있는가

해 소리가 차단되어 소음이 줄어드는데, 이것이 방음기능이다. 소음차단 효과는 자연감소분을 제외하고 30m당 약 4~8db을 차단한다(곽영훈, 조국영, 1980). 또한 나뭇가지와 잎은 소리를 분산시키고 공기 전파를 차단하는 소음방지 기능이 있어 학교, 병원, 도서관, 공원, 공항 아파트 주변에 공원 녹지를 많이 조성하고 있다. 이렇게 숲은 자연저수지, 자연정수기, 토사유출 방지, 공기청정, 야생동물의 보금자리, 몸과 마음의 힐링 등 인간만이 아니라 각종 동식물을 도와준다. 이러한 효과를 정리하면 〈표 1-4〉와 같다.

〈표 1-4〉 **숲이 가진 치유인자**

치유인자	치유효과
피톤치드	• 산림에서 맡을 수 있는 피톤치드 향기 • 숲속에 있으면 피톤치드가 몸속의 나쁜 병원균과 해충, 곰팡이 등을 없애 줌 • 후각을 자극하여 마음의 안정과 쾌적감을 제공함
햇빛	• 숲속에서는 나뭇잎이 필터역할을 하며 간접적인 햇빛을 받아 비타민D를 합성함 • 세로토닌(serotonin)을 잘 분비시켜 몸의 활력을 주고, 심신에 생기를 불어넣어 주어 심신 건강, 활력에 좋음 • 비타민D는 뼈 보호, 세포 증식 조절, 암을 유발하는 세포의 증식을 억제함
음이온	• 음이온은 부교감 신경에 작용하여 신체를 이완, 뇌파의 알파파를 증가시켜 마음을 안정시킴
소리	• 숲에서 발생하는 소리는 기분을 편하게 하고 집중력을 향상시킴

〈계속〉

경관	• 숲을 이루는 녹색은 눈의 피로 해소. 마음의 안정을 제공함 • 주의력 집중 및 피로감을 해소함 • 녹색이 보이는 비율[綠視率]이 높을수록 정서적 안정감을 제공함
산소	• 일반도시보다 1∼2% 더 많은 산소를 함유함 • 숲의 공기는 산소농도도 높지만, 질적인 면에서도 도시보다 청정함 • 나뭇잎이 필터 역할을 함으로써 깨끗한 공기, 산소를 마실 수 있으며, 신진대사 및 뇌의 활동이 원활해짐
사회 · 심리적	• 심리적 안정과 회복기능을 함 • 자기만의 공간 확보로 심리적 평안 및 안정감을 제공함

출처: 오창홍(2016).

4. 숲이 가진 치유인자의 효과

앞서 살펴본 것과 같이 숲은 우리에게 모든 것을 조건 없이, 아낌없이 많은 것을 주는데 이 모든 것을 큰 틀에서 열 가지로 선별하여 살펴보았다. 이와 같은 10개의 선물에서 다음과 같은 효과가 여러 연구에 걸쳐 입증되었다. 숲은 우울증을 완화시키는 효과가 있으며, 숲길 걷기는 혈압을 낮추고, 아토피 피부염, 천식, 암 수술 후 빠른 회복에 도움을 준다. 또한, Schreyer와 Driver(1990)는 숲이 자신감과 자의식의 증가와 스트레스 감소, 육체적 · 정신적 건강의 향상에 효과가 있다고 보고하였다. 신원섭(2007)은 우울증과 불안감 감소, 자존감 향상, 사회성과 행복감 등 심리적 치유 관점에서 숲의 효과를 검증하였다.

이러한 숲의 효과에 대한 연구자들의 견해는 다양하다. 신윤경과 박중혁, 채정호(2010)는 정신증상 완화와 정신건강 안녕, 인체 면역력 증진, 스트레스 감소효과에, 김윤수 등(2011)은 우울과 불안, 자아존중감의 효과성에, 조영민(2011)은 우울감소와 심리적 안정에, 김경신과 김민화(2018)는 스트레스 대처능력에, 오창홍 등(2012)과 오창홍 등(2016)은 인터넷중독 증상 완화와 자아존중감과 자기효능감 및 자기통제력 향상에, 김주연(2014)은 만성피로와 심적 불편감 저하에, 박정환(2013)은 또래와의 의사소통에 대해 숲 체험 프로그램의 효과를 확인하였다.

또한 안희영과 이건호(2013)는 뇌의 전두엽 기능의 활성화에, 김윤희(2015)는 스트레스 감소와 생리적 · 정신적 · 심리적으로 긍정적인 영향이 있음을 보고하였다. 차진경과 김성재(2011)는 숲 체험을 통한 알코올중독자의 치유경험을 보고하였다. 김시내(2013)는 숲 체험활동이 유아의 행복감, 자아존중감 및 창의성에 효과가 있다고 입증하였으며, 그 내용은 〈표 1-5〉와 같다. 이 같은 치유인자를 활용한 숲 치유활동에 대해서는 제3부에서 자세히 다루었다.

〈표 1-5〉 **숲 치유인자를 활용한 치유의 효과**

치유인자	자연경관, 피톤치드, 음이온, 소리, 햇빛, 산소
치유 효과	• 피톤치드: 염증 완화, 후각을 자극하여 마음이 안정과 쾌적감 증가, 인체의 면역력 증가, 심폐를 건강하게 하고 스트레스 없애 줌 • 테르펜: 숲에 들어가면 톡 쏘는 느낌, 피부자극으로 신체의 활성화 높임, 피를 돌게 하며 심리안정, 살균작용을 함 • 음이온: 심장과 신경 근육 등 자율신경진정, 차분해지고 잠을 잘 오게 하고, 신진대사 촉진, 세포와 장기의 기능 강화, 혈액정화와 순환을 도와 혈색 좋아짐, 신체를 산성에서 중성으로 변화시킴, 뇌의 부교감 신경자극으로 뇌가 편안해짐 • 파동: 스트레스와 정서적 불안 세서, 인체의 자연치유력이 증가함 • 경관: 녹색은 눈의 피로를 풀어 줌, 마음의 안선, 주의력 집중 향상, 피로감을 풀어 주며 심리적 스트레스의 해소, 인지능력을 항싱시킴
	• 자신감 획득, 도전정신 ⦁ 심리적 향상, 성취감 고취 • 우울 감소, 마음의 안정 ⦁ 뇌의 전두엽 기능 활성화 • 눈의 피로 풀어 줌 ⦁ 자기조절력 증가 • 대인관계 향상 ⦁ 사회적응력 향상 • 스트레스 경감 ⦁ 분노감정 조절 • 혈압 낮춤 ⦁ 의사소통 향상 • 행복 호르몬인 세로토닌 분비 활성화 ⦁ 불안감 감소 • 스트레스 호르몬인 코티솔(Cortisol) 감소 ⦁ 만성피로 해소 ⦁ 도전정신 향상 • 면역력을 높이는 NK세포 증가 ⦁ 문화의식 증가 • 자존감 및 자의식 증가 ⦁ 적대감 해소 • 아토피 피부염 호전 ⦁ 공격성 조절 • 사회성과 행복감 ⦁ 암수술 후 빠른 회복 • 인지능력 향상 ⦁ 심적 불편감 회복 • 육체적 건강 증진 ⦁ 미적 능력 향상 • 안정된 상태에서 많이 발생하는 알파파 증가 ⦁ 지도력 향상 • 노화방지에 도움을 주는 항산화 효소 증가

출처: 오창홍(2016).

4. 숲이 가진 치유인자의 효과

5. 자연과 음식

1) 식의

2003년부터 2004년도까지 인기리에 방영되었던 〈대장금〉이란 드라마에서, 임금과 그의 어머니인 대비가 정쟁(政爭)을 벌이는 도중 두 사람 모두 식음을 전폐하고 대립하는 내용이 있다. 몸이 상하고 치료를 거부하는 상황을 타개하기 위하여 장금은 대비와 수수께끼 대결을 벌인다. 장금이 낸 문제를 대비가 맞히면 장금은 목숨을 내놓아야 하고, 만약 대비가 맞추지 못한다면 단식을 중단하고 진료를 받는 조건이다. 장금이 제시한 문제는 인물을 맞추는 문제인데, 그 문제는 다음과 같다.

> "이 사람은 그 집안의 식의(食醫)이며, 노비(奴婢)이자 스승이다. 살아 있을 때는 태산이고, 죽으면 눈물이 강물을 이룬다는 전설적인 인물이다. 이 사람은 누구인가?"

대비는 최고상궁 등 측근의 조언을 받아 문제를 해결한다. 하지만 막상 문제를 해결한 후 대비는 회한에 잠긴다. 대비가 정답을 알고도 장금을 벌하지도 못하고 회한과 자괴감에 젖어든 이유는 무엇일까? 그것은 정답이 바로 '어머니'이기 때문이다.

어머니는 자식의 몸 상태, 기호, 몸에 좋은 음식과 그렇지 않은 음식, 건강을 고려하여 행여 자식들에게 해가 되지 않은지 늘 고민하고 살피면서 음식을 제공하기에 예로부터 어머니를 식의(食醫)라고 부르기도 했다. 정답이 어머니란 것을 알게 된 대비가 어머니로서 자신을 되돌아보고, 임금인 아들과의 화해하는 모습에서 시청자는 진한 감동을 받았다.

식의(食醫)란 무엇일까? 조선 7대 임금인 세조가 편찬한 의약론(醫藥論)에 의하면 의사 종류를 8등급, 즉 심의(心醫), 식의(食醫), 약의(藥醫), 혼의(昏醫), 광의(狂醫), 망의(妄醫), 사의(詐醫), 살의(殺醫)로 나누었다. 가장 훌륭한 1등급의 의원은 '심의(心醫)'로서 환자의 마음을 잘 파악하여 편하게 진료에 임하는 의사이다. 두 번째인 2등급 의사가 바로 '식의(食醫)'이다. 의성(醫聖) 히포크라테스도 "음식으로 고치지 못하는 병은 약으로도 고치지 못한다."라고 했고, 당나라 때의 명의인 손사막도 "질병을 치료하는 데 있어 먼저 음식으로 치료하고 그래도 낫지 않으면 약을 쓰라."고 했다.

2) 음식의 궁합

독자들도 병원에서 의사로부터 병증에 따라서 먹어야 할 음식, 먹지 말아야 할 음식 등에 대하여 말하는 것을 들어 보았을 것이며, 한 번 쯤은 크고 작은 식중독이나 음식 알러지를 겪은 경험이 있을 것이다. 음식이 몸에 맞지 않는다면 독이 될 수도 있다. 음식에도 궁합이 있어서 함께 먹으면 약이 되거나 또는 독이 되는 음식이 있다. 이러한 음식에 대한 정보는 인터넷에 검색하면 쉽게 얻을 수 있다. 다만 인터넷을 정보의 바다라고 하듯이 방대한 자료가 있지만, 그 내용 중에서도 거짓된 내용이나 서로 상반된 것이 많으므로 맹신해서는 안 된다.

현대의 급속한 산업화와 도시화 및 정보사회로의 진입은 자연과 단절된 삶을 살게 하였다. 동네 골목길과 앞동산 놀이터가 사라지고 자연과 천연 재료 위주였던 먹거리가, 이제는 소금까지 원산지 표기가 의무화된 시대에 살고 있다. 유통망과 저장 시설이 불비했던 과거에는 제철음식과 산지(産地) 위주의 식재료로 매일 먹어도 질리지 않은 '어머니 손맛'의 시대였으나, 지금은 배달음식과 인스턴트 음식의 홍수시대인 현실에서 자연과 음식에 대한 담론(談論)은 우리에게 주어진 과제라 생각한다. 모든 음식에도 사기(四氣)와 오미(五味)가 있다. 사기(四氣)란 음식이 가진 따뜻하고 서늘한 기운(溫, 冷), 차고 뜨거운 기운(寒, 熱)을 말한다. 그리고 오미(五味)는 달고(甘), 시고(酸), 짜고(鹹), 쓰고(苦), 매운(辛) 맛을 말한다. 이와 같은 음식의 성질과 맛과 같은 특성을 고려한 식이요법이나 음식요법, 푸드테라피는 물론이고, 최근에는 대학에서 푸드스쿨 학과도 개설되어 다양한 콘텐츠를 운영하고 있다.

질병이나 중독은 자연과 조화롭지 못한 것이 특성이다. 음식은 평상시에는 우리가 생명을 유지하고 살아가는 데 필요한 영양분을 공급하고, 병이 들었을 때는 음식으로 그 증상을 다스릴 수 있다. 이것을 약선(藥膳)이라고 한다. 비단 몸이 아파서 약선을 하기도 하지만 우리는 예방차원에서도 수시로 웰빙 음식점을 찾는다. 〈나는 자연인이다〉라는 방송 프로그램에서는 난치병, 성인병, 암 등도 음식으로 예방하고 치유했다는 경험담이 많이 방영된다. 체질과 몸 상태에 따라 자연에서 나는 음식을 적절한 방법으로 요리하는 것이 중요하다. 특히 제철에 나는 음식이 건강에 도움이 되고 병을 치유할 수 있다. 그러나 약용이나 섭취를 위하여 산야초나 나무, 자연물을 산야나 숲에서 무분별하게 채취하는 것은 위험하다. 다양한 법이 채취를 금지하고 있으며, 자연보호에도 역행하기 때문이다. 일례로 산이나 숲에 가보면 갓 새싹이 돋은 드릅나무가 무분별한 채취로 고사한 모습에서 인간의 이기심과 잔인함을 볼 수 있다. 독버섯, 독성 산야초, 산나물 등을 먹고 응급실로 실려 가는 경우도 제법 흔하게 일어난다. 식물에는 스스로를 보호하기 위한 나름대로의 독성이 있어서 사람에 따라 체질과 맞지 않을 수도 있고, 음식궁합과도 상관이 있어 전문가의 도움 없이 취식하는 것은 자신의 몸을 해치는 것과 같다.

음식에도 궁합이 있다는 말을 누구나 다 아는 사실이다. 그러나 우리들은 평상시에는 습관과 관습, 취향에 따라 음식을 섭취한다. 제주대학병원life(2016)에서는 '음식에도 궁합이 있다.'

[제주 미소천 식당의 꽃밥]

라는 주제로 궁합이 잘 맞는 음식을 네 가지로 묶어 소개하였는
데, 그 내용은 다음과 같다. 첫째로, 마늘과 생선이다. 마늘의
성분인 알라신은 살균 및 항균작용, 나쁜 콜레스테롤 증가 억
제, 원활한 혈액순환과 항암효과가 있다. 따라서 마늘과 생선의
조합은 자연적인 면역력을 키워 주고 암 예방과 심장 건강에 도
움을 준다. 둘째로, 귤과 브로콜리이다. 귤은 하루에 2개만 먹
어도 성인의 일일 비타민 C 권장량을 채워 주는 비타민 C의 보
고(寶庫)라고 할 수 있으며, 브로콜리에 풍부하게 함유된 철분
이 우리 몸에 흡수하기 위해서는 비타민 C가 필요하므로 귤과
함께 먹으면 더 좋다. 셋째로, 돼지고기와 표고버섯이다. 돼지

고기는 단백질이 풍부하지만 콜레스테롤 함량이 많으며 누린내가 난다. 그런데 표고버섯의 섬유질에는 돼지고기의 콜레스테롤이 체내에 흡수되는 것을 억제하고 혈압을 낮추는 성분이 있다. 따라서 돼지고기와 표고버섯을 함께 먹으면 성인병을 예방하는 효능은 물론이고, 돼지고기의 누린내도 잡을 수 있다. 마지막 넷째로, 흔히 접할 수 있는 된장과 부추도 권장한다. 된장은 단백질이 풍부하고 항암효과와 소화흡수가 탁월하지만 소금함량이 많고 비타민 A와 C가 부족하다. 반면, 부추에 있는 칼륨은 된장 속에 있는 나트륨을 우리 몸 밖으로 배출시키고 부족한 비타민을 보충해 준다.

요즘 먹거리에 대한 국민적 관심이 뜨겁다. 먹거리 안전성에 대한 불안이 높아지면서 건강한 먹거리를 얻기 위해 도심지에서도 쓰고 남은 용기를 재활용하여 옥상에 텃밭을 만들어 먹거리를 마련하고 있으며, 채소나 과일들을 직접 재배할 수 있도록 지자체에서 유휴지를 활용한 딧밭을 제공하기도 한다.

[거제도 섬꽃축제의 모습]

"학교급식은 건강 증진과 체위 향상,

건전한 식생활 습관, 원만한 인간관계로

인성을 꽃피우는 곳"

제2부

숲 체험
프로그램

●
숲 치료 이야기

1. 숲 체험 프로그램의 개요

프로그램(program)이라는 용어는 일상적인 교육 용어인 교육과정(curriculum)이나 코스(course)와 유사하지만 더욱 다양한 시각으로 사용된다. 교육적 의미에서 프로그램은 일정한 목표를 향해 학습자의 행동이 변화하도록 사전에 체계화시켜 놓은 교육내용이라고 정의할 수 있다. Rapp와 Poetner(1992)는 프로그램을 '하나의 목표달성을 위한 여러 활동의 집합체'라고 하였나. 이처럼 프로그램에 대한 학자들의 정의는 학습내용 측면, 행위 측면, 교수 차원, 학습 차원 등 강조점에 따라 다소 차이가 있지만, 궁극적으로는 학습내용과 활동 그리고 체계적 계획이라는 공통점을 가진다.

숲에서 활동과 관련하여 남효창(2012)은 생태교육, 자연교육, 환경교육, 체험교육, 숲 생태교육을 언급하였으며, 오창홍(2016)은 여기에 체험활동을 추가하여 〈표 2-1〉과 같이 설명하였다. 생태교육의 목적은 이상향 설계와 방향 제시이다. 사연교육의 목적은 자연과의 공존과 관계다양화이며, 환경교육의 목적은 자연보호와 대안적 행동촉진이고, 체험교육의 목적은 행동능력의 발견과 자연과의 교감이며, 숲 생태교육의 목적은 숲에 대한 올바른 이해이다. 숲에서의 체험활동이 어느 한 부분에 국한되는 것이 아니라 주변의 모든 요소와 신체적 · 정신적으로 상호작용을 하면서 학습되고 성장하는 것이어서 체험활동 또한 중요하다. 체험활동의 자연관은 자연과 인간이 공존하는 생태중심으로, 목적은 지(知)·정(情)·의(意)의 구현이며, 특성은 체험중심의 활동으로 사람과 사물, 그리고 자연이 서로 공존하면서 역동을 주고받는 유기체이다.

〈표 2-1〉 **숲 관련 활동의 종류**

구분	생태 교육	자연 교육	환경 교육	체험 교육	숲 생태 교육	체험 활동
자연관	자연 중심적	자연 중심적	인간 중심적	인간 중심적	인간 중심적	생태 중심적 (자연+ 인간)
목적	이상향 설계, 방향 제시	자연과의 공존, 관계 다양화	자연보호, 대안적 행동촉진	행동능력 발견, 자연과의 교감	숲에 대한 올바른 이해	지(知)· 정(情)· 의(意)의 구현
특성	이론적, 학문적, 사상적, 윤리적	자연 안에서 삶을 포괄	기술 공학적, 규범적, 실천적	활동적, 체험적	산림학적, 실용적	활동, 체험, 상호역동
중점 수단	머리	가슴	머리	손, 발	머리	통합

출처: 오창홍(2016).

[제주도 사려니 숲, 유아 자유놀이]

"은구슬 옥구슬보다 더 영롱한 빛 비추며
세계로 미래로 푸른 꿈 나누어 줄 소중한 아이들아,
우리 숲으로 가자."

1. 숲 체험 프로그램의 개요

김영인과 노경주(2011)는 체험이란 몸을 통해 직접적으로 하는 경험으로, 환경 또는 대상과의 직접적이고 적극적인 상호작용, 모든 감각이 총체적으로 동원된 생생함, 반성적 사고과정의 수반, 주관적인 개별성·가변성·상대성의 상존, 교육적 효과성과 변환성이라고 보았다. 따라서 체험학습은 이와 같은 체험의 특성을 바탕으로 구성원들이 적극적으로 참여하여 느끼고 활동하는 학습을 의미한다.

숲 체험활동은 열린 공간에서 구성원 간의 대화와 자기 표현력을 증가시키고, 다양한 자연환경과의 상호작용 등을 통하여 서로 배려하고 이해하며, 스스로를 통제하고 절제하며 성취할 수 있다는 자신감을 갖게 해 준다. 따라서 숲과 같은 자연에서 구성원 또는 환경과 상호작용할 수 있는 프로그램은 구성원 간의 공감과 소통 지지를 통해 나를 알고 타인을 이해하며 더불어 사는 삶의 태도를 배우고, 건강하고 건전한 생활을 하는 데 도움을 준다.

2. 숲 체험 프로그램에서 효과적인 상담이론

상담이론은 상담하는 데 필요한 하나의 가설이며 틀이다. 상담이론의 종류는 상담학을 연구하는 학자만큼이나 다양하다. 그렇기 때문에 상담을 공부하는 사람 중에서는 필자에게 어떤

[제주 비자림 숲에서 어린이들의 팀별 자유놀이 활동]

"숲속에 가면 참새도 있고,

숲속에 가면 개미도 있고,

숲속에 가면 단풍도 있고,

숲속에 가면 친구도 있고……"

2. 숲 체험 프로그램에서 효과적인 상담이론

상담이론이 좋은지, 어떤 상담이론을 권하고 싶은지 묻는 이도 있다. 그러나 모든 상담이론은 각각 고유한 특성과 효과를 지니고 있어 어떤 상담이론이 '좋고 효과적'이라고 단언하기는 어렵다. 중요한 것은 어떤 상담이론을 활용하는가보다 누가, 어떻게 상담을 하느냐이다. 또한 상담자가 어떤 태도로 내담자를 대하는지도 상담 효과에 큰 영향을 미친다.

상담이란 일반적으로 도움을 필요로 하는 사람(내담자)이 전문성을 가진 사람(상담자)을 만나 자신의 문제를 해결하거나 성장을 위한 도움을 받는 과정이다. 상담 분야에서는 내담자의 문제를 해결하고 성장을 돕기 위해 다양한 방법을 개발·제시하고 있다.

일반적으로 활용되는 상담이론에서는 내담자의 무의식영역

[국가정원 순천만 갈대 숲]

의 갈등을 의식영역으로 떠올려 무의식의 지배에서 벗어나게 하는 정신역동 이론, 자신과 타인을 통합적으로 인식하는 능력과 태도의 습득 및 건강한 개별화를 목적으로 하는 대상관계 이론, 잘못 학습된 행동을 소거하고 보다 효과적이고 바람직한 행동을 새로 학습하는 행동주의 이론, 내담자가 자신의 실존을 자각하고 삶의 의미와 가치를 찾아 주는 실존주의 이론, 내담자의 자기실현 경향성을 막는 장애물을 제거하여 타고난 자신의 잠재력을 실현하도록 도와주는 인간중심 이론, 내담자의 역기능적인 생각이 심리적 고통을 발생시키기에 내담자의 사고를 바꾸는 데 초점을 둔 인지행동 이론, 내담자가 스스로 자신의 변화를 선택하고 결정하도록 도와주는 동기강화 상담이론, 자신의 병리적인 문제를 제거할 뿐 아니라 자신의 잠재력을 개발하고 행복감을 증진시켜 주는 긍정심리 상담이론 등이 있다. 숲 체험활동은 자연 속에서 자신을 만나고 한층 더 성장하도록 도와주므로, 넓은 의미에서는 긍정심리상담에 포함된다. 숲 체험 활동은 상담자가 내담자나 집단의 특성을 고려하여 융통성 있게 적용할 수 있다.

3. 중독과 숲 체험

1) 중독이란

필자는 중독 강의에서 '무좀과 중독의 공통점'에 대해 물어보며 시작한 적이 있다. 무좀과 중독은, '하루아침에 생기지 않는다' '자신도 모르게 서서히 찾아온다' '누구에게나 찾아온다' '발벗고 제대로 잠을 잘 수가 없다'와 같은 공통점이 있다. 이렇듯 중독 역시 무좀처럼 우리가 하찮게 여기고 방심하는 사이에 서서히 찾아온다.

중독이란 어떤 물질이나 행동에 대한 조절력을 상실하고, 일상생활에서 자기 역할을 하지 못하고, 자신과 가족에게 피해를 입히는 특성이 있다. 그럼에도 중독자 본인은 자기의 중독문제를 제대로 인식하지 못하고 부정하고 있으며, 중독 대상의 노예로 살아간다.

이미 4대 중독 관련법이 국회에 상정될 정도로 지금 우리 사회는 도박, 스마트폰과 인터넷, 알코올, 마약 등 중독으로 인한 심각한 문제에 직면해 있고 이러한 문제의 해결을 위해 많은 비용이 소비되고 있다. 중독의 원인을 여러 측면에서 찾을 수 있지만, 급속한 산업화와 일상화된 스마트폰과 인터넷의 영향, 자기중심적 태도, 쾌락추구에 의한 물질만능주의, 배금주의, 충동성, 낮은 자존감, 더불어 함께하는 사회성이 아닌 감정적 고립 등에서 비롯되었다고 볼 수 있다.

중독은 마약이나 알코올 등 인위적인 것에 의존하여 자연성에 어긋나는 삶을 사는 것이다. 인간은 일상의 삶 속에서 고통과 기쁨을 겪어 가면서 살아가는데, 중독자는 일시적이나마 고통에서 도피하고 쾌감을 얻고자 중독 대상을 찾고, 그 결과 더 불행한 삶이 이어지면서 중독 대상에 의존하는 생활을 반복한다. 그러나 중독자는 자신에게 문제가 없으며, 언제든지 중독 대상을 조절할 수 있다며 부인(denial)하면서 중독적 삶을 지속하고 있다.

중독은 질병이며, 살아가는 태도의 문제와 관련된다. 자기의 감정과 행동에 깨어 있으면서 자신에게 주어진 역할을 다하고 대인관계가 좋으며 일상에서 감사를 느끼는 상태에서는 중독에 빠질 위험이 적다. 일상의 삶이 평화롭고 행복하면 중독 대상에 대한 갈망도 줄어든다.

중독에 빠진다는 것은 중독 대상의 노예가 되는 것이다. 알코올 중독자는 술의 노예, 도박중독자는 도박행동의 노예, 마약중독자는 마약의 노예, 인터넷 게임중독자는 인터넷 게임의 노예로 살아간다. 개인이 자신을 잘 주시하여 자기 인생의 주인공으로서 행동을 조절할 수 있으면 중독을 예방하고 회복을 잘 유지할 수 있다.

중독의 예방과 회복 유지를 위해서는 자연을 찾고 그 안에서

만족을 느끼는 것이 도움이 된다. 특히 숲이나 강과 같은 자연 속에서 편안함과 즐거움을 느끼면 중독 대상에 대한 갈망이 줄어든다. 많은 중독자와 가족이 숲 체험활동을 통하여 심리적 안정감을 찾고 중독문제가 해결되는 효과가 있었다고 확인되고 있다(오창홍 외, 2016; 조현섭, 조성민, 차진경, 2008).

2) 중독의 분류

중독은 일반적으로 물질중독과 행동중독으로 나눈다. 물질중독은 알코올, 마약, 니코틴중독 등을 말한다. 한편 행동중독은 도박, 인터넷, 스마트폰, 섹스중독 등 행동에 대한 중독을 말한다. 최근에는 인터넷중독과 스마트폰중독, 도박중독 등이 심각한 사회 문제가 되고 있다. 특히 스마트폰중독은 스마트폰이 가진 편리성, 자극성, 근접성 등의 다양한 장점 때문에 청소년이나 아동이 중독에 빠지기 쉽다. 또 스마트폰중독은 도박중독이나 마약중독과도 연관되어 있다. 스마트폰을 사용하여 24시간 어디에서든 도박이 가능하고, 마약을 구하는 데 이용하기도 한다. 이처럼 점차 스마트폰을 사용한 중독의 위험이 늘어나고 있어 스마트폰 사용에 대한 관리와 대책이 요구되고 있다.

3) 중독자의 특성

중독이 되면 자신을 잃고 중독 대상을 주인으로 모시고 살아간다. 알코올중독자는 아침에 일어나자마자 술을 찾고 술에 취해 잠을 잔다. 스마트폰중독자 또한 아침부터 잠들 때까지 스마트폰에 집착하여 살아간다. 그러나 중독자는 자기의 문제를 인정하지 못하며, 부정하고 합리화하는 특성이 있다(박상규, 2016). 예를 들면, 알코올중독자는 자기는 "언제든지 술을 조절할 수 있다."라고 말하면서 자기의 중독문제를 부정하거나, "친구들과 잘 어울리기 위해서 술을 마신다." "잠을 자기 위해서 술을 마신다." 등으로 합리화한다. 도박중독자의 경우에는 "빚을 갚기 위해서 도박을 한다." 등으로 자기를 속인다. 인터넷이나 스마트폰에 빠진 청소년은 "나는 문제가 없다."라고 말하고 가족이나 주변 사람의 충고를 지나친 간섭으로 생각하여 대화를 하지 않으려는 모습도 보인다.

외로울 때, 우울할 때, 수치심을 느낄 때, 중독자는 습관적으로 알코올이나 스마트폰 등으로 도피한다. 문제가 있을 때마다 술을 마시거나 스마트폰 사용으로 도피한 결과, 문제가 더 늘어나고 자신과 가족을 불행하게 한다.

중독의 일반적인 특징을 3C로 표현할 수 있다. 3C란, 강박적 사용(Compulsive use), 조절능력의 상실(loss of Control), 나쁜 결과에도 불구하고 계속된 사용(Continuous use despise of bad

[초등학생의 스마트폰 · 인터넷 예방 포스터 그리기]

"중독은 예방이 명약이다."

consequences)이다. 알코올중독자의 경우, 강박적으로 술을 찾으며 술을 한 잔이라도 마시기 시작하면 중단하지 못하고, 그 결과 자신의 건강과 가족 간의 문제가 일어난다.

중독자는 자신의 문제를 자각하거나 수용하지 못하고, 회피하며 자기 책임을 다른 사람의 탓으로 돌리는 중독적 삶의 태도에 익숙해 있다. 살아가면서 자연스럽게 거쳐야 할 많은 문제를 회피하면서 중독자는 술이나 도박, 인터넷, 스마트폰 사용 등에 의존하면서 살아간다. DSM-5에서는 중독의 문제를 조절하지 못함, 가정이나 직장 등에서 중독으로 인하여 자신의 역할을 하지 못함, 내성과 금단 등을 주요 증상으로 보고 있다(APA, 2013). 최근에 WHO에서 게임 장애를 질병의 분류에 넣기로 함에 따라 청소년의 인터넷 및 스마트폰 사용문제 역시 더 많은 관심을 받고 있다. 인터넷중독 청소년의 주요 증상은 〈표 2-2〉와 같다.

〈표 2-2〉 **인터넷중독 청소년의 주요 증상**

구분	인터넷중독 증상		
정신적 측면	• 인격형성 저해 • 자기통제력 저하 • 낮은 자존감 • 정서발달 저해 • 대리만족 • 현실과 가상세계 혼돈 • 공격성 · 신경 예민 • 편집증 • 성격의 폭력적 변화 • 자기비난	• 우울 · 불안 • 주의력 결핍과 과잉 행동 • 충동성 · 초조감 • 높은 스트레스 • 죄책감 및 후회 • 외로움 · 두려움 • 자아정체감 형성 저해 • 자기효능감 저하 • 자기표현력 부족	• 조절력 실패 • 기억력 감소 • 창의 · 융통성 결여 • 강박감 • 무기력 • 전두엽 파괴 • 팝콘브레인 • 정신적 발달 저해 • 왜곡된 인지

〈계속〉

3. 중독과 숲 체험

신체적 측면	• 면역력 저하 • 수면 부족 • 체력 저하 • 허리디스크 • 비만 • 근육 경직 • 어깨결림	• 돌연사 • 불면증 • 시력 저하 • 안구건조증 • 영양실조 • 거북목 • 식욕 감퇴	• 혈압 상승 • 만성피로 • 두통 · 빈혈 • 심장마비 • 손목터널증후군 • 관절염
사회 생활 측면	• 높은 사회불안 • 실패 경험 • 거짓말 증가 • 폭력 및 범죄 유발 • 금품 갈취 • 현실도피	• 사회관계 회피 • 가상세계 집착 • 대인관계 부족 • 성범죄 유발 • 대리만족 • 비행	• 은둔형 외톨이 • 빈약한 문제해결능력 • 높은 사회 불안 • 대인기피증 • 잘못된 정보 취득 • 일상생활 흥미 상실
가정 · 학교 생활 측면	• 학업기능 저하 • 교우관계 악화 • 학교부적응 • 성적 저하 • 교사에게 반항	• 사용시간 증가 • 잦은 pc방 출입 • 금전 절도 • 기초학습 부진 • 학교 중퇴	• 가정 내 의사소통 • 가족 간 갈등 • 가정파괴 • 가출 • 부모와 관계 악화

출처: 오창홍(2016).

4) 중독과 가족

중독은 개인의 문제에 그치는 것이 아니라 가족을 불행하게 한다. 한 사람의 중독으로 온 가족이 고통을 받고 신체적인 질병이 생기기도 한다(박상규, 2016). 가족은 중독자가 회복할 수 있도록 나름대로 노력을 다하지만 변함없는 중독자의 행동에 실망하고 분노하며, 그 결과 건강이 더 나빠지고 가정이 파괴되기도 한다. 중독자의 회복을 위해서는 가족이 지금까지 사용해

오던 방식과 다른 새로운 방법과 태도로 중독자를 대해야 한다. 우선 가족은 중독자의 문제를 해결하기에 앞서 자신의 감정에 관심을 갖고 스스로를 잘 보살펴야 한다. 본인이 편안하고 행복하지 않으면 중독자의 문제를 제대로 이해하지 못하고 올바로 대처하기 어렵다.

가족은 자신의 힘으로만 중독자를 회복시킬 수 없다는 것을 인정하고, 지금 할 수 있는 일을 하면서 주변 자원과 잘 연계하여야 한다. 가족은 중독자 가족 모임 등 자조모임에 참석하여 위로와 지지를 받고 회복에 필요한 정보를 얻을 수 있다.

청소년이 인터넷이나 스마트폰에 중독되듯, 가족은 중독자가 회복되기를 바라는 마음에서 중독자에게 의존할 수 있다. 가족이 중독자에게 의존하는 것을 공동의존이라 한다. 가족은 중

[제주 비자림로]

3. 중독과 숲 체험

독자에게서 분리·독립하여 자기의 주체성과 행복을 찾을 수 있어야 한다. 가족은 자신의 감정을 잘 주시하면서 자기 감성을 있는 그대로 받아들여야 한다. 가족은 중독자를 변화시키기 보다는 자신을 바꾸어 가야 한다. 가족은 중독자 대신에 중독자의 인생을 전부 책임지려고 해서는 안 되며, 책임을 질 수도 없다는 것을 자각해야 한다. 가족은 당장 고통스럽더라도 자기 내면에 있는 신성을 자각하고, 중독자도 그런 신성이 있음을 믿으며 발휘할 수 있도록 기다려야 한다. 귀중한 존재로서 중독자를 존중하되, 중독자 스스로 자신의 행동에 대해 책임지도록 하고 옆에서 지켜보며 기다려야 한다.

청소년 중독 예방을 위해서도 부모는 자녀에게 관심을 가지고 자녀와 자주 대화하면서 자녀의 자존감이 향상되도록 도와야 한다. 자녀가 부모에게 사랑받고 있다고 느끼면 일상에서 관계를 잘 맺게 되어 중독문제가 예방될 수 있다.

또 가족은 중독의 특성이나 중독자에 대한 대처법, 가족의 역할 등에 대해서 잘 알고 있어야 중독자의 회복을 도울 수 있다. 가족이 건강하고 성숙할수록 중독자의 행동에 쉽게 흔들리지 않으면서 마음의 평정을 유지할 수 있다. 가족이 편안하면서 중독자에게 적절하게 대처하기 위해서는 마음챙김 명상을 배우는 것이 도움이 된다.

5) 중독의 원인

중독은 생물학적·심리적·사회적·영적인 원인이 통합되어 나타난다. 먼저, 생물학적으로는 유전적 요인이 있다. 필자가 알코올 중독자를 상담해 보면 중독자의 부모 또한 알코올 중독자인 경우가 많았다. 신경전달물질의 하나인 도파민의 문제 또한 중독의 원인이다. 중독자는 알코올이나 마약, 게임 등을 할 때 분비되는 도파민 효과에 중독되었다고 볼 수 있다. 또 알코올이나 마약을 오랫동안 사용한 사람은 판단력이나 조절력 등이 심하게 손상되어 있는데, 이는 대뇌에서 판단과 조절을 담당하는 전두엽 기능이 손상된 것과 관련된다.

심리적 원인으로는 수치심, 낮은 자존감, 우울, 불안 등이 있다. 중독자는 어린 시절부터 형성된 수치심을 감추기 위해서 술이나 도박 등으로 도피하기도 한다. 또 중독자는 자존감이 낮아 중독 대상에 더욱 쉽게 빠지며 회복이 어렵다. 어떤 사람은 우울한 기분을 잊기 위하여 마약을 찾거나 섹스 대상을 구하는 등 환각적이고 쾌락적인 것을 추구한다.

사회적 원인으로는 가정의 문제를 들 수가 있다. 부부간의 불화가 있거나, 부모와 자녀의 관계가 좋지 않거나, 가족 구성원 간 원활한 소통이 이루어지지 않으면 또래와 잘 어울리지 못하거나, 도박이나 게임 등에서 돌파구를 찾는 등의 문제는 도박중독에 영향을 미친다. 청소년의 경우, 가까운 친구들이 스마트폰을 사용해서 도박을 하는 것을 보고 '나도 도박으로 돈을 딸 수 있다'고 생각하면서 도박을 시작할 수 있다. 우리 사회에서 스마트폰이나 인터넷에 대한 접근성이 용이한 것도 중독의 원인이 된다. 특히 스마트폰중독은 마약이나 도박과 같은 다른 중독에 빠지는 매개의 역할도 하고 있다.

영적 요인도 중독의 원인이 된다. 중독자가 스스로를 돌아보지 못하고, 감사와 삶의 의미를 느끼지 못할 때 중독 대상을 찾으려고 한다. 항상 감사하면 행복이 증진되고, 행복할수록 중독 대상을 갈구하는 경향이 줄어든다.

6) 중독의 치유

중독을 치유하기 위한 접근법은 내담자의 문제와 상담자의 상담이론에 따라 다양하지만 여기에서는 동기강화상담, 인지행동상담, 자조모임, 한국적 상담모형, 중독과 숲 치유 등에 대해서 간략히 살펴본다.

(1) 동기강화상담

동기강화상담은 내담자의 부족한 동기를 강화시켜 줌으로써 중독자가 회복하도록 돕는 것이다. 동기강화상담은 내담자가 스스로 변화할 수 있는 분위기를 조성하고, 자신의 변화를 선택하고 결정하도록 돕는 내담자 중심의 지시적인 상담기법이다.

[오죽헌의 오죽]

"바람에 흔들리는 오죽은
쉽게 부러지지 않는다.
포용과 유연함의 상징"

3. 중독과 숲 체험

동기강화상담은 최근 다양한 중독 분야에서 그 효과를 검증하고 있다(이지혜, 2012).

동기강화상담은 공감표현하기, 불일치 키우기, 저항에 맞서지 않기, 자기효능감 지지하기 등을 기본으로 한다. 상담자가 중독자의 입장에서 공감하면 관계형성이 잘 되고, 자신을 사랑하며 변화하려는 동기를 가질 수 있다.

불일치 키우기는 중독자의 현재 상태와 스스로 원하는 가치·믿음 사이에 불일치를 자각하도록 도와줌으로써 중독자가 지금 현실에서의 자기 행동을 변화시키려는 동기를 갖게 한다. 예를 들어, 인터넷중독에 빠진 청소년이 어머니로부터 인정받고 사랑받으려는 욕구가 있는데, 본인이 지금 인터넷 게임에 빠져 있음을 자각하면, 자기의 욕구와 행동 간의 불일치를 알아차리고 자신의 행동을 변화시키려 노력할 것이다.

중독자가 자신의 문제를 부정하고 변화하려는 동기를 가지고 있지 않을 수도 있다. 이때, 상담자는 중독자와 논쟁하지 않고 중독자가 자기 문제를 인정할 때까지 기다리는 것이 좋다(박상규 외, 2017).

상담자는 중독자가 성공한 것, 잘한 행동에 대해서 격려하여 자신감을 부여하고, 변화에 대한 동기를 갖도록 도와야 한다. 중독자에 대한 동기강화상담은 변화에 대한 동기가 없는 중독자와 변화 초기의 중독자에게 효과가 있다.

⑵ 인지행동상담

인지행동상담은 부정적인 정서에 영향을 주는 역기능적인 인지구조를 발견하고 변화시켜 부정적인 감정이나 행동을 감소시키거나 변화시키는 치료방법이다.

중독자에 대한 인지행동상담은 중독행동을 지속하는 왜곡된 사고를 알아보고 이를 수정하도록 돕는다. 중독자가 가진 대표적인 비합리적 사고는 허용신념과 예기신념 등이다. 허용신념은 "내일부터 게임을 하지 않겠다." "한 번만 하고 그만할 거야."와 같이 중독행동을 허용하는 신념이다. 한편, 예기신념은 "술을 마시면 사교적이 될 거야."와 같이 알코올중독자가 알코올에 대해 기대하는 생각이다. 반면에 통제신념은 "나는 지금까지 잘 견뎌 냈다. 앞으로도 갈망을 잘 이겨 낼 것이다."와 같이 자신이 중독행동을 통제할 수 있다는 믿음이다. 회복을 위해서는 허용신념과 예기신념을 알아차리고 수정해 가면서 통제신념을 강화해야 한다(박상규, 2016). 인지행동상담에서는 갈망에 대처하기, 스트레스 관리, 문제해결 등의 방법도 다루고 있다. 갈망이 일어날 때는 갈망을 알아차리는 마음챙김과 주의를 다른 곳으로 돌리는 주의분산, 갈망의 결과 자신이 어떻게 될지를 상상하는 심상화 등의 방법을 가르치는 것이 좋다.

⑶ 자조모임

중독자는 자조모임을 통해 지지를 받고 희망을 가지며 회복

3. 중독과 숲 체험

에 필요한 정보를 얻을 수 있다. 자조모임에는 알코올, 마약, 도박 등 다양한 중독자 모임이 있다. 알코올중독자를 대상으로 하는 12단계 모임은 자조모임의 대표적인 것으로 자신의 문제를 인정하면서 영적인 회복을 강조한다. 알코올중독자에 대한 12단계 (박상규 외, 2017)는 다음과 같다.

- 1단계: '우리는 알코올에 무력했으며, 우리의 삶을 수습할 수 없게 되었다는 것을 시인했다.' 중독자는 자신이 알코올 문제를 조절할 수 없음을 시인하고 받아들여야 회복할 수 있다.
- 2단계: '우리보다 위대한 힘이 우리를 본정신으로 돌아오게 해 줄 수 있다는 것을 믿게 되었다.' 2단계는 자신을 있는 그대로 지켜보고 인정하는 본정신을 찾는 것이다. 여기서는 혼자 힘으로 회복이 어렵다는 것과 신의 도움으로 회복할 수 있음을 아는 것을 본정신이라고 한다.
- 3단계: '우리가 이해한 대로 그 신의 돌보심에 우리의 의지와 생명을 맡기기로 결정했다.' 3단계는 자신의 중독적 성격이나 습관을 신에게 맡기기로 결정하는 것이다. 자신이 할 수 있는 일과 할 수 없는 일을 구분하고 어쩔 수 없는 일은 신에게 맡기는 것이다.
- 4단계: '철저하고 두려움 없이 우리 자신에 대한 도덕적 검토를 했다.' 자신의 문제가 무엇인지 검토해 보고 자신의 도덕적 잘못을 직면하기 시작하는 것이다.

[제주의 방선문]

"태고의 밀어가 채곡채곡 쌓이고,

서로 정겨움이 묻어나는 계곡의 소리"

3. 중독과 숲 체험

- 5단계: '우리의 잘못에 대해 정확한 본질을 신과 자신에게, 그리고 다른 어떤 사람에게 고백했다.' 5단계는 도덕적으로 검토한 내용을 정직하게 고백하는 단계이다. 신과 다른 사람에게 고백함으로써 자기 문제를 직시하고 문제로부터 벗어날 수 있다.

- 6단계: '신께서 이러한 모든 성격상 결점을 제거해 주도록 완전히 준비했다.' 지금까지의 단계를 통하여 자신의 성격적인 결함을 잘 알지만 혼자의 힘으로 할 수 없다는 것을 인식하여 신에게 도움을 청할 수 있도록 준비한다.

- 7단계: '겸손하게 신께 우리의 단점을 고쳐 주도록 간청했다.' 7단계에서는 신에게 간절히 도움을 요청하면서 자유를 얻는다.

- 8단계: '우리가 해를 끼친 모든 사람의 명단을 만들고, 그들 모두에게 기꺼이 보상할 용의를 가졌다.' 8단계는 자신을 비롯하여 자기가 해를 끼친 모든 사람에게 용서를 구하는 것이다. 자신이 인식하지 못한 채 잘못을 행하였을 수도 있기 때문에 다른 사람에게 자신의 잘못을 물어보고 용서를 구할 수 있다.

- 9단계: '어느 누구에게도 해가 되지 않는 한 할 수 있는 데까지 그들에게 직접 보상했다.' 자신이 잘못한 것을 알아보고 보상하려고 노력해야 한다. 보상을 할 때는 상대의 입장이나 상황을 살펴 상대가 불편하지 않도록 유의해야 한다.

- 10단계: '인격적인 검토를 계속하여 잘못이 있을 때마다 즉시 시인했다.' 매일 자신의 문제를 검토해 보고 잘못이 있을 때는 즉시 시인하고 고치도록 해야 한다.
- 11단계: '기도와 명상을 통해서 우리가 이해한 대로의 신과 의식적인 접촉을 증진하려고 노력했다. 그리고 우리를 위한 그의 뜻만을 알도록 해 주시며, 그것을 이해할 수 있는 힘을 주시도록 간청했다.' 일상생활 속에서 일정한 시간과 장소를 정하여 기도하는 것이 좋다. 내면의 소리, 신의 음성을 들어가면서 신의 뜻에 따라 살노록 노력해야 한다.
- 12단계: '이런 단계의 결과 우리는 영적으로 각성되었고, 알코올중독자에게 이 메시지를 전하려고 노력했으며 우리 일상의 모든 면에서 이러한 원칙을 실천하려고 했다.' 자신이 지금까지 배우고 실천한 변화와 성장을 다른 사람과 나누어야 한다. 특히 자신의 도움을 필요로 하는 중독자에게 자신의 경험을 나누는 것이 자신에게 도움이 됨을 알아야 한다.

중독자는 자조모임을 통해 자기를 성찰하면서 자기 문제를 인정하고 참회하며 다른 사람이나 신에게 고백할 수 있다. 자주 모임에 참여함으로써 더 겸손해지고 타인에게 봉사하려는 마음을 가지며 영적으로 성숙하여 회복을 유지할 수 있다. 자조모임 중에는 중독자 모임 이외에도 중독자 가족 모임도 있다. 회복을 위해서는 중독자 뿐만 아니라 가족도 가족 자조모임에 참여해야 한다.

(4) 중독회복 유지를 위한 한국적 상담모형

우리 사회에서 중독자는 술이나 도박, 게임 등으로 자신의 한을 달래고 흥을 돋우며 우월성과 권위를 얻으려는 특성이 있다. 한국적 상담모형은 이러한 우리 문화와 사회적 특성에 맞게 중독자가 회복할 수 있도록 설계한 것이다. 중독자가 회복하는 과정에서 즐거움을 느끼고 삶의 의미를 가지면서 가족과의 관계가 좋아야 회복이 잘 유지될 수 있다(박상규, 2018). 한국적 상담모형은 중독자의 문제를 삶의 태도 문제로 보고 중독자가 성장하여 회복을 유지할 수 있는 대안을 제시하였다. 상담자는 중독자가 변화할 수 있음을 믿고 삶의 태도를 바꾸어 가정과 사회에서 자신의 역할을 할 수 있도록 도와주어야 한다.

한국적 상담모형에서 상담자나 가족은 중독자의 내면에 신성, 부처의 품성이 있음을 알고, 언젠가 변화할 것을 믿고 기다리는 것을 강조한다. 상담모형에서는 마음챙김을 중심으로 한 자기성찰 하기, 가족 및 주변 사람과 관계 잘하기, 흥겹게 살기, 가족에 대한 교육과 상담하기, 회복 경과가 좋은 사람과 인연 맺어 주기, 상담 후 사후관리 등으로 개입한다(박상규, 2018). 특히 마음챙김은 중독의 치료와 회복에 도움이 된다. 중독자가 중독 대상에 대한 갈망을 알아차리면 마음이 안정되고 조절될 수 있다. 중독자가 중독 대상이 아닌 숲과 같은 자연 속에서 마음의 안정과 즐거움을 느끼는 것이 습관화되면 회복을 성공적으로 유지할 수 있다. 중독의 재발과 회복에서 가족의 영향이 크므로 가족이 중독자를 잘 이해하고 대처할 수 있어야 한다. 그러기 위해서는 가족이 스스로를 주시하면서 보살필 수 있어야 하며, 상담이나 교육을 받거나 가족 자조모임 등에 참석하는 것이 좋다.

한국적 상담모형에 기반한 프로그램에서는 마음챙김, 의사소통 기술, 숲 등 자연에서의 홍을 찾기, 가족교육과 상담 등을 강조하고 있다(박상규, 2018).

(5) 중독과 숲 치유

숲은 오감을 활성시킨다. 푸른 숲을 보고, 새소리나 물 흐르는 소리와 같은 숲의 소리를 듣거나, 숲에서 나는 향기를 맡으며 숲길을 걷는 것 등은 신체기능을 향상시켜 줄 뿐 아니라 마음을 편안하게 해 준다. 숲 활동은 면역기능을 증진시키며 생리적 이완효과를 가져오고 혈압과 맥박을 감소시키는 효과가 있다(신윤경, 백준혁, 채정호, 2010). 또 숲은 스트레스를 줄이고 행복감을 증진하며(김경신, 김민화, 2018), 다양한 중독자의 회복에도 도움을 준다. 인터넷중독 청소년을 대상으로 한 연구에서, 숲에서의 활동이 중독증상을 감소시키고 자존감을 향상시키는 것으로 확인되었다(오창홍 외, 2016). 알코올중독자와 가족을 대상으로 한 연구에서도 숲 치유 프로그램이 알코올중독자와 가족의 정서적 안정성에 영향을 주었으며 알코올중독자의 자존감을 향상시켰다(조현섭, 조성민, 차진경, 2008).

숲과 같은 자연환경은 마음을 평온하게 하여 중독자가 회복을 잘 유지하도록 돕는다. 중독자는 숲속에서 마음이 안정되고, 있는 그대로의 자신을 만남으로써 중독의 치료와 회복이 가능하다(박상규, 2016). 숲 치유에 대한 자세한 내용은 다음의 숲 체험에서 다루었다.

[자연과 더불어, 포항 호미곶]

4. 숲 체험

1) 숲 체험 프로그램의 의의

Wilson(1995)은 숲 체험활동이 자연상태의 물리적 특성을 조작하여 인지적 성장과 심미감, 의사소통 기술을 발달시킨다고 하였다. 또한 넓은 공간에서 오감을 활용하는 다양한 경험을 통해 감각운동을 발달시키고, 자신 이외의 생명체나 사물에 대한 관점과 돌보고자 하는 욕구를 숲 체험활동을 통해 경험함으로써 사회·정서 발달 효과가 있다고 하였다. 예로부터 숲치료, 약초치료, 수치료 등 자연환경을 이용하는 치료가 정신 증상의 완화나 정신적 안녕을 위해 많이 사용되어 왔으며(신윤경, 백준혁, 채정호, 2010), 정부 역시 자연휴양림, 체험의 숲, 치유의 숲 등을 설치·운영하여 국민의 정신건강에 기여하고 있다. 국내에서 보고된 숲 체험 프로그램은 〈표 2-3〉과 같다.

〈표 2-3〉 **숲 체험 프로그램**

연구자	연구 대상	프로그램 구성요소	회기
신원섭, 연평식, 이정희 (2007)	일반인 우울감	• 숲에서의 활동	2박 3일

〈계속〉

조영민 외 (2011)	저소득층 아동우울·사회성	• 숲과 친해지기 • 숲속 미션트래킹 • 숲속 놀이 훈련 • 그린카드 만들기	• 숲속 페스티벌 • 숲속 운동회 • 자연물 티셔츠 염색 • 숲속 미션 임파셔블	8
양순승 외 (2011)	알코올 중독자 우울, 자아존중감, 영적 건강	• 숲 체험(감각열기) • 숲에서 만나는 유년시절 • 숲에서 마음을 반영한 숲 그림 담아오기 • 자신의 삶에서 자신을 찾아가는 여정 • 야영 텐트치기 • 숲에서 배우는 지혜		17
김윤수 외 (2011)	중학생 우울	• 자연과 나 • 식물의 애옥살이 • 생태지도 만들기 • 자연심리학	• 자연에 말 걸기 • 숲 치유 • 자연감각 살리기 • 창조성 발견하기	10
오창홍 외 (2012)	중학생 인터넷 중독	• 자성예언 • 올레길 걷기 • 나의 나무 선정하기 • 장단점 찾기	• 돌탑 쌓기 • 계곡기행 • 화해의 언덕 • 인터넷 경험 나누기	8
박정환 (2013)	초등학교 자아존중감	• 스토리텔링을 통한 숲속 생명과의 만남 • 숲속 활동을 통해 오감을 활짝 열어 보기 • 생태놀이로 친해지기 • 숲 치유활동을 통한 생명 에너지 발견		4
안명숙 (2014)	유아의 미술활동	• 숲에서 느끼는 자연의 형상을 오감을 통해 탐색하기 • 미술적 표현을 오감으로 느끼기 • 미술활동으로 표현하는 과정 즐기기 • 숲의 아름다움 감상하기		40
김현희 (2014)	유아의 자아존중감	• 숲과 인사 • 꽃 감상 • 풀꽃 그리기 • 발바닥 감각 체험하기 • 숲 지도 만들기 • 액자 만들기 • 목걸이 만들기 • 나무곤충 만들기 • 손수건 염색		10
박지숙 (2014)	중학생 스마트폰	• 숲으로의 초대 • 숲속 여행 • 나의 변화는?	• 서로 알아가기 • 나무에게는 어떤 이야기가 있을까 • 생활에서의 변화는 무엇인가	8

〈계속〉

김주연 (2014)	아동 인터넷중독	• 이완요법활동 • 집단놀이 • 목공놀이	• 웃음치료활동 • 흙과 물놀이 • 숲처럼 감정카드놀이		2박 3일
최상욱 외 (2015)	청소년 인터넷중독	• 숲오감체험 • 숲속 트레킹	• 나의 장점 찾기 • 생각 바꾸기	• 액자 만들기 • 레크리에이션	2박 3일
오창홍 외 (2016)	인터넷중독 중학생 중독완화 자존감	• 반갑다 친구들 • 시간이와 대안이 • 생활 속 굳히기	• 인터넷과 내 꿈 • 컴퓨터는 휴식 중 • e-세상의 주인공		6
오창홍 (2016)	자기통제력과 자기효능감	• 내 안의 긍정적인 나 • 협동의 한마당	• 숲 스토리텔링 • 숲속에서 나의 재발견		8

출처: 오창홍(2016).

2) 숲 체험 프로그램의 소개

여기서는 최근 국내에서 발표된 숲 관련 프로그램 중 일부 내용을 소개한다. 먼저 오창홍 등(2012)은 인터넷중독으로 일상생활에 어려움을 겪고 있는 청소년을 대상으로 숲 체험을 통한 집단상담 프로그램을 적용하여 효과를 검증하였다. 사용한 프로그램은 〈표 2-4〉와 같다.

[제주 올레길 숲길 걷기]

"올레길, 어느 코스가 좋은가요.
올레길, 좋지 않은 코스는 없답니다."

〈표 2-4〉 **인터넷중독 청소년을 위한 숲 체험 집단상담 프로그램**

회기	제목	목표	내용
1	숲과의 만남	친밀감 형성 및 자신과 타인이해	• 프로그램 진행 및 참가자 소개 • K-척도 검사와 진단 • 인터넷 이용 습관 말하기
2	숲과 함께하는 나	심성 및 정서 발달	• 오감이 있는 숲 체험 • 산새와 함께하는 숲 • 향기가 있는 숲 • 인터넷 사용 경험/계획 발표
3	숲속에서 나 찾기	강점 찾기	• 산림욕 체험하기 • 자신의 나무 하나 선정하기 • 선택한 나무의 강점과 자신의 강점 연계하기 • 인터넷 사용 경험/계획 발표
4	계곡 안에서 자신감 찾기	자신감/ 협동심 배양	• 희망과 소망의 돌탑 쌓고 소감나누기 • 15개의 돌탑 감상하고(개인 12, 소그룹 2, 전체 1개) 느낌 발표하기 • 인터넷 사용 경험/계획 발표
5	오름 그리고 나!	심신수련/ 호연지기	• 침묵과 주변 관찰로 오름 오르기 • 정상에서 소감 나누기 • 하산 시 시각장애인 체험하기 • 인터넷 사용 경험/계획 발표
6	자연의 품에서	스트레스 대처방법 찾기	• 최근에 있었던 기뻤던 일과 슬펐던 일 명상하기(인터넷 사용 내용 포함) • 버리고 싶은 내용 화해의 언덕 체험 • 1주간 인터넷 사용계획 말하기
7	올레길에서 명상하기	긍정적 마음 갖기	• 자연스럽게 대화하며 숲 길 왕복 걷기 • 숲속에서 명상하기 • 자성예언 하기 • 인터넷 사용 경험/계획 발표

〈계속〉

4. 숲 체험

| 8 | 새 마음 갖기 | 미래목표 설계 | • 숲속 자유놀이 체험
• 자연 숲속의 소리 찾기
• 생애방패 작성하고 발표하기
• K-척도 검사 |

출처: 오창홍 외(2012).

또한 오창홍 등(2016)은 숲이라는 자연환경이 인터넷중독 청소년의 인터넷중독과 자존감에 어떤 영향을 미치는지를 알아보았다. 프로그램은 〈표 2-5〉와 같다.

〈표 2-5〉 **숲 환경이 인터넷중독 치료에 미치는 효과 집단상담 프로그램**

회기	제목	목표	내용
1	반갑다 친구들	프로그램 취지 이해 및 공감대 형성	• 프로그램 진행 및 참가자 소개 • K-척도 검사와 진단 • 인터넷 이용 습관 말하기
2	인터넷과 내 꿈	자신의 꿈과 그 꿈을 이루기 위한 활동 찾기	• 내가 아는 꿈을 이룬 사람소개 • 나에게 인터넷이란 • 열매 맺는 인터넷 • 꿈을 향한 외침
3	시간이와 대안이	인터넷 과다사용을 줄어든 활동 목록 찾기	• 시간에 대한 퀴즈풀기 • 낭비된 시간 찾아보기 • 대안활동 개발하기 • 삼행시 짓기
4	컴퓨터는 휴식 중	인터넷 과다사용 문제점 인식 및 절제방법 찾기	• 인터넷중독 마피아 찾기 • 컴퓨터는 휴식 중 • 내 안의 두 얼굴

〈계속〉

| 5 | 생활 속 굳히기 | 인터넷 과다사용 욕구 지연 및 위험성 공유 | • 인터넷 사용 경로 그리기
• 욕구지연 상징물 만들기
• 과다사용 위험성과 조절 필요성 알리기 |
| 6 | e-세상의 주인공 나와의 약속 | 프로그램을 통하여 얻는 긍정적 변화 | • 긍정적 자기변화 나누기
• 재발방지에 도움이 되는 지침 배우기
• 선서문 작성하기
• 장점 선물하기 |

출처: 오창홍 외(2016).

오창홍(2016)은 인터넷중독 청소년을 대상으로 숲에서 다양한 상호작용을 하도록 구성된 숲 체험 프로그램을 개발하여 실시하였다. 프로그램의 개요는 〈표 2-6〉과 같다.

〈표 2-6〉 **인터넷중독 청소년을 위한 숲 체험 프로그램**

회기	주제	목표	내용
1	숲은 내 가슴에	• 상호 친밀감과 신뢰감 형성 • 자신을 포함한 주변 사물의 소중함 알기	• 10분 명상으로 심신 안정 찾기 • 애칭 짓기(숲 관련) • 사물과의 대화 나누고 발표하기 • 인터넷 사용패턴 나누기 • 10분 명상으로 프로그램 돌아보기
2	나의 아바타 나의 나무	• 자신의 강점과 보완할 점 탐색 • 숲 오감 체험으로 정서적 안녕감 도모	• 10분 명상으로 심신 안정 찾기 • 자신의 나무 하나 선정하기 • 자신의 나무와 강점, 특성 연계하기 • 묵언 숲 산책 후 체험 나누기 • 인터넷 사용패턴 나누기 • 10분 명상으로 프로그램 돌아보기

〈계속〉

4. 숲 체험

3	내 안의 긍정적인 나	• 인내심과 호연지기 배양 • 성취경험으로 자기 효능감 증대	• 10분 명상으로 심신 안정 찾기 • 계곡기행으로 인내심, 호연지기 키우기 • 돌탑 쌓기로 협동심, 자신감, 배려 정신 키우기 • 인터넷 사용 패턴 나누기 • 10분 명상으로 프로그램 돌아보기
4	협동의 한마당	• 협동심과 창의력, 대인관계 능력 배양 • 다양한 놀이경험과 협동, 배려, 의사결정력 증진	• 10분 명상으로 심신 안정 찾기 • 자연물 이용한 모빌 만들기 • 자연물 이용한 현장 체육활동 • 인터넷 사용 패턴 나누기 • 10분 명상으로 프로그램 돌아보기
5	미래의 자화상	• 부정적 감정과 스트레스 해소 및 불안감 감소, 포용적 태도 • 자성예언으로 삶의 목표 내면화	• 10분 명상으로 심신 안정 찾기 • 낙엽가면 만들고 역할극 하기 • 자성예언으로 신념 굳히기 • 인터넷 사용패턴 나누기 • 10분 명상으로 프로그램 돌아보기
6	숲 스토리텔링	• 경청과 의사소통 능력 배양 • 정서적 안녕 및 타인 존중의식 배양 • 창의, 융통성과 사고의 폭 넓힘	• 10분 명상으로 심신 안정 찾기 • 자연물 활용 의사소통 능력배양 • 나도 숲속 작가(정서, 감성 표현력 키우기) • 인터넷 사용패턴 나누기 • 10분 명상으로 프로그램 돌아보기
7	오름 정상에 서다	• 호연지기와 할 수 있다는 자신감 배양 • 화해와 용서로 마음의 정화	• 10분 명상으로 심신 안정 찾기 • 오름 오르기로 호연지기 및 인내력 배양 • 화해의 언덕으로 분노감정 조절 • 인터넷 사용패턴 나누기 • 10분 명상으로 프로그램 돌아보기

〈계속〉

| 8 | 숲에서의 나의 재발견 | • 미래의 걸림돌 스스로 던지기
• 삶의 나침판 다시 보면서 현실 직시하기 | • 10분 명상으로 심신 안정 찾기
• 테마가 있는 숲 산책으로 내면 탐색
• 내 속의 나와의 약속(생애방패 작성)
• 인터넷 사용 결심 발표
• 소감문, 심리검사 받기
• 10분 명상으로 새 마음 다지기 |

출처: 오창홍(2016).

부은순 등(2013)은 숲에서 유아의 자유놀이가 사회성 발달에 미치는 영향을 알아보기 위하여 24회기 프로그램을 실시하였다. 24회기 프로그램 내용은 흥미영역 구분 없이 숲에서 자연물을 이용하여 자신들의 흥미와 요구에 맞는 놀잇감을 찾거나 만드는 활동이다.

〈표 2-7〉 **유아교육기관에서의 자유놀이와 숲에서의 자유놀이 비교**

	유아교육기관에서 실시되는 자유놀이	숲에서의 실시되는 자유놀이
정의	유아교육기관에서 주제에 알맞게 미리 계획되고 준비된 놀잇감을 정해진 시간에 유아들이 선택하여 놀이하는 활동	유아들이 숲에서 자신의 흥미와 요구에 알맞게 놀잇감을 찾거나 만들어서 놀이하는 활동
흥미영역 구분	• 내 자유놀이: 쌓기 영역, 조형 영역, 역할 영역, 도서 영역, 수·조작 영역, 과학 영역, 언어 영역(주제에 알맞은 놀잇감으로 환경 구성) • 실외 자유놀이: 고정놀이시설(조합놀이기구, 물·모래 영역, 목공놀이 영역, 동·식물 기르기 영역	흥미영역 구분이 없음

〈계속〉

4. 숲 체험

실내 자유 놀이 놀잇감	• 쌓기 영역: 종이벽돌 블록, 유니트 블럭, 레고, 교통기관 모형 • 조형 영역: 가위, 풀, 색종이, 만들기 재료, 잡지, 신문, 도화지 등의 미술 재료 • 역할놀이 영역: 소꿉세트, 인형, 가방, 옷, 화장품, 역할놀이세트(소방관놀이, 빵가게 놀이) • 도서 영역: 동화책, 의자 • 수 · 조작 영역: 퍼즐, 숫자카드, 자석블럭, 게임판, 양팔저울 • 과학 영역: 돋보기, 자, 거울, 식물관찰도구 • 언어 영역: 끝말잇기카드, 글자카드, 글자도장, 이야기 꾸미기 자료	• 자연물: 돌, 흙, 통나무, 나뭇잎, 나무열매, 나뭇가지, 나무껍질, 진흙, 들풀, 꽃, 낙엽 • 관찰도구: 돋보기, 샬레, 루페 • 흙놀이 도구: 삽, 바구니
실외 자유 놀이 놀잇감	• 고정놀이 시설: 조합놀이기구 • 물 · 모래 영역: 삽, 수레, 물통, 그릇, 물, 모래 • 목공놀이 영역: 망치, 못, 톱, 줄자, 연필, 나무	

출처: 부은순 외(2013).

제주대학교 학생상담센터에서는 숲 상담실을 운영하고 있으며 숲 상담 프로그램은 〈표 2-8〉과 같다.

[제주 성산중 교정의 생명의 숲]

"자연의 향기로움과 숲의 풋풋함에 경이로워
온종일 온몸으로 노래하는 산새들의 하모니
또한 경이로움이어라."

4. 숲 체험

숲 체험 집단상담 프로그램			
1. 주제(제목)	숲 체험을 통한 행복한 마음 찾기		
2. 참가 대상	숲 체험 상담을 원하는 학생		
3. 참여적정인원	10명 내외		
4. 프로그램 목적	1. 자연에서 참 나 발견하기 2. 대인, 대물, 사물의 존재와 더불어 살아가는 지혜 터득하기 3. 자연치유 인자를 활용한 집단상담으로 건강한 심신 유지하기		
5. 프로그램 목표	1. 산림욕을 통한 심신 건강 찾기 2. 화해의 언덕과 명상을 통한 갈등과 스트레스 해소하기 3. 집단상담을 통한 더불어 사는 삶의 덕목 체험하기		
6. 주요 운영내용	운영기간	학기 중	
	회기	1회기 2시간	
	주 리더	1명 (객원상담원)	
	보조 리더	1명 (객원상담원 또는 인턴상담사)	
7. 기대효과	1. 자아존중감이 형성되어 긍정적인 삶의 태도를 가질 수 있다. 2. 타인을 배려하고 존중하는 태도가 배양할 수 있다. 3. 자연치유력과 상담으로 건강한 생활을 영위할 수 있다.		
8. 프로그램 개요			
내용	내용	활용도구	기타
만남의 길	주제/시간	만남의 길	명찰, 개인용 깔판, 호루라기	
	활동목표	라포형성 및 진행요령 안내		
	세부내용	• 자기소개 및 얻고 싶은 것 • 진행과정 설명 • 안전교육 및 몸풀기 운동		
산림욕	주제/시간	삼림욕	명찰, 개인용 깔판, 호루라기	
	활동목표	숲 치유인자와의 만남		
	세부내용	• 숲길 자유걷기 • 사물과의 대화		

〈계속〉

화해의 언덕	주제/시간	화해의 언덕	명찰, 개인용 깔판, 호루라기	
	활동목표	스트레스, 갈등 대상에 대한 이해와 용서		
	세부내용	• 스트레스, 갈등에 대한 명상 • 갈등 대상에 대한 불쾌한 감정 표출 • 갈등 대상에 대한 좋은 감정 표출		
숲 명상	주제/시간	숲 명상	명찰, 개인용 깔판, 호루라기	
	활동목표	숲에서 자아 찾기		
	세부내용	• 명상 및 호흡법 시연 • 제일 편한 곳에서 자유명상		
집단 상담	주제/시간	자기성장 집단상담	명찰, 종이, 개인용 깔판, 호루라기, 고민통, 필기류	
	활동목표	학교생활에 걸림돌 돌아보기		
	세부내용	• 학교생활 걸림돌 적어 고민통에 넣기 • 제일 많이 나온 내용으로 주제 선정 • 집단역동으로 문제 재인식하기		
묵언 숲 보행	주제/시간	묵언으로 숲길 걷기	명찰, 개인용 깔판, 호루라기	
	활동목표	오늘 활동에 대한 정리와 자아성찰		
	세부내용	• 나눔의 장까지 묵언보행하기 • 숲 체험활동 회상 및 자기성찰		
나눔의 장	주제/시간	소감 나누기	명찰, 종이, 개인용 깔판, 호루라기, 필기류	
	활동목표	활동 총 정리		
	세부내용	• 정리 명상하기 • 소감문 쓰기 • 느낌 및 소감 발표하기		

출처: 송석언(2018).

  김시내(2013)는 숲 체험활동이 유아의 행복감, 자아존중감, 창의성에 미치는 영향을 알아보기 위해서 16회기 프로그램을 구안하여 실시하였다. 프로그램의 내용은 '숲에게 먼저 인사하기' '눈 가리고 나무 만져 보기' '내 손끝으로 알아맞히기' '숲에

"힘들고 슬프고 괴롭고 피곤할 때는,
선술집 대신 싱그러운 숲으로 가자."

숨은 빛깔 찾기' '겨울바람 · 봄바람 놀이하기' '향기로 알아맞히기' '산새와 대화하기' '행복한 나무 찾기' '다양한 소리로 연주하기' '색다르게 살펴보기' '이름 지어 주기' '자연물감 만들기' '동물처럼 멀리 뛰기' '발바닥으로 느껴 보기' '애벌레 찾기 놀이하기' '아껴 쓰고 다시 쓰기'로 구성되어 있다.

김현희(2014)는 '숲과 인사하기' '목걸이 만들기' '봄꽃 관찰하기' '나무곤충 만들기' '풀꽃 그리기' '숲에서 들리는 소리듣기' '손수건 염색하기' '발바닥 감각 체험하기' '숲 지도 만들기' '액자 만들기'의 10회기 프로그램을 구안하여 숲 체험활동이 유아의 자아존중감에 미치는 효과를 검증하였다.

박정환(2013)은 숲 치유 프로그램이 초등학생의 자아존중감에 미치는 영향을 알아보기 위하여 '스토리텔링을 통한 숲속 활동으로 오감을 활짝 열어 보기' '생태놀이로 친해지기' '숲 치유 활동을 통해 생명 에너지 발견' '자아존중감'의 4회기 프로그램을 개발하여 실시하였다.

박지숙(2014)은 숲 집단 미술치료가 스마트폰중독 중학생의 자기통제력과 심리적 안녕감에 미치는 효과를 검증하기 위하여 '숲으로의 초대' '서로 알아가기' '숲속 여행' '나무에게는 어떤 이야기가 있을까?' '생활에서의 변화는 무엇? 나의 변화는?' 등의 8회기 프로그램으로 효과를 검증하였다.

이성수(2015)는 학교 숲을 이용한 숲 치유 프로그램이 대학생의 스트레스와 불안감에 미치는 영향에 대해 8회기의 프로그램

[탐라교육원 처마에 둥지를 튼 제비]

"제비는 편애하지 않는다.

숲 또한 그렇다."

을 통하여 검증하였다. 프로그램의 내용은 '자연으로 들어가며' '자연, 생명의 안식처' '자연을 느끼다' '소통' '숲에게 길을 묻다' '자연, 그리고 나' '숲에서 길을 찾다' '긍정적 자아상 찾기'이다.

강석영(2014)은 빈곤가정 아동의 스트레스 인식 수준 감소를 위한 마음챙김 기반 숲 치유 프로그램 개발하였다. 개발한 프로그램은 '마음을 열어요' '숲과 만나요' '나무와 친해져요' '스트레스를 알아차려요' '스트레스를 받아들여요' '숲에서 생각을 만나요' '숲에서 만난 생각을 받아들여요' '숲속에서 나를 만나요' '흙에게 나를 소개해요' '숲에서 만난 나를 돌아보며'의 10회기로 구성되어 있다.

김윤수 등(2011)은 '자연과 나' '생태지도 만들기' '자연에 말 걸기' '사람과 자연의 관계' '자연감각 살리기' '식물의 애옥살이' '자연심리학' '숲 치유' '창조성 발견하기'와 같은 10회기 숲 치유 프로그램을 실시하여 중학생의 우울 수준 감소를 확인하였다.

양순승 등(2011)은 알코올중독자 가족을 대상으로 '감각 열기' '숲에서 만나는 유년시절' '숲에서 마음을 반영한 숲의 그림 담아오기' '자아성찰' '자서전 작성하기' '숲에서 얻는 지혜' '숲에서 배우는 지혜' '참가목적 문 확인하기' '내가 만드는 공약' 등 20회기 프로그램을 5박6일간 실시하였으며, 그 결과 영적 건강, 우울, 자아존중감 등에 변화가 있음을 검증하였다.

강영식과 김용숙(2012)는 생명존중 숲 체험 프로그램이 유아의 환경 감수성에 어떤 변화를 주는지 알아보기 위해서 12회기

4. 숲 체험

프로그램을 개발하여 실시하였다. 프로그램은 '숲길 따라 걷기' '숲과 함께 뛰어 놀기' '나뭇잎 관찰하기' '들꽃 관찰하기' '나무 나이테와 열매 관찰하기' '숲속생물과 친해지기' '마른 땅·젖은 땅·자갈로 만든 모자이크' '깨끗한 숲의 중요성과 환경오염 느끼기' '나쁜 환경오염의 실태 관찰하기' '숲의 여름 관찰하고 가족카드 만들기' 등이다.

조영민 등(2011)은 '숲과 친해지기' '숲속놀이 훈련' '숲속 페스티벌' '자연물 티셔츠 염색' '숲속 미션트레킹' '그린카드 만들기' '숲속 운동회' '숲속 미션 임파서블' 등을 적용한 2박3일 숙박형 숲 체험 프로그램을 실시하여 저소득층 아동의 사회성 향상과 우울증 감소 효과를 검증하였다.

박지숙(2014)는 숲 집단 미술치료 8회기 프로그램을 실시하여 스마트폰중독 중학생의 자기통제력과 심리적 안녕감의 효과를 검증하였다. 프로그램은 '숲으로의 초대' '서로 알아가기' '숲속 여행' '나에게는 어떤 이야기가 있을까?' '생활에서의 변화는 무엇?' '나의 변화는?' 등이다.

[제주 한라도서관 앞 숲속 헬스장]

"숲은 개봉하지 않은 선물이다.

가치와 느낌은 받는 사람의 몫이다."

4. 숲 체험

제3부

누구나 즐길 수 있는
숲 체험활동

숲 치료 이야기

숲은 보석 같은 친구다. 보석은 얼마나 잘 다듬냐에 따라 가치가 달라진다. 우리 속담에 "구슬이 서 말이라도 꿰어야 보배"라는 말이 있듯이, 친구 중에도 흔히 '꽃과 같은 친구' '저울과 같은 친구' '산과 같은 친구' '땅과 같은 친구'가 있다고 하는데 이런 귀한 친구를 얻기 위해서는 내가 먼저 그런 사람으로 살아야 한다. 숲에 자주 가서 숲과 친구가 되면 나 역시 숲을 닮아 간다. 누구에게나 열려 있는 숲을 보석처럼, 또 친구처럼 가꾸고 함께하는 것은 순전히 우리의 몫이다. 우리 주변에는 이미 크고 작은 숲이 산재해 있다. 숲은 굳이 거창한 등산장비를 갖추지 않아도 가벼운 차림으로 혼자 또는 여럿이서 숲을 찾고 또 숲에서 자신를 찾을 수 있는 체험 학습장이다. 최근에는 환경문제를 고려하여 자연 속에서 숲치료와 같은 프로그램에 대한 관심이 고조되고 있다.

숲 체험 프로그램은 자연과의 만남과 또래와의 소통을 통하여 다양한 관계를 형성하게 해 주고(박정환, 2013), 인터넷이나 스마트폰에 몰입하는 아동에게 자신의 신체와 문제에 관심을 갖도록 해 주는 대안적 활동의 하나이며(김주연, 2014), 또한 높은 스트레스를 감소시키면서 생리적 · 정신적 · 심리적으로 긍정적인 영향을 미친다(김윤희, 2015). 숲은 인터넷중독 청소년이 흥미를 갖고 자발적으로 참여할 수 있다는 장점도 가지고 있다(오창홍, 2016).

이와 같이 숲은 다양한 문제를 갖고 있는 사람에게 치료사나 상담사가 되어 주고, 문제가 없는 사람에게는 놀이 친구와 말동무가 되어 준다. 그러나 이 세상 모든 것에는 양면성이 있다. 숲 또한 그렇다. 숲은 그 특성상 해충 및 가시, 지형 굴곡과 같은 위험요소와 안전문제가 늘 상존하는 공간이다. 그래서 비록 가깝거나 작은 숲에 갈 때라도 슬리퍼나 반바지 차림을 하는 것은 숲에 대한 예의는 물론이고, 자신의 안전을 위해서도 피해야 한다.

숲에 갈 때는 안전, 역동성, 피드백 등을 고려하여 혼자보다 여럿이서 함께 가고, 계절에 맞는 활동을 해야 한다. 여기서는 숲에 혼자서 또한 여럿이서 즐길 수 있는 26종류의 프로그램을 소개한다. 이 내용을 바탕으로 다양한 프로그램을 만들어 활용하면서 독자들에게도 웰빙과 힐링 그리고 대인관계 기술의 증진과 같은 일석삼조의 행운이 함께하길 소망해 본다.

1. 산림욕

산림욕은 1982년에 일본 임야청의 아키야마(秋山) 청장이 주창한 개념이다. 아키야마 청장은 "숲이라는 환경에서의 공기욕을 산림욕으로 정의하고 숲속에는 건강을 증진시키는 물질이 있기 때문에 가벼운 감기 정도는 산림욕으로 나을 수 있다."라고 언급하였다. 그 후 산림욕은 한국과 일본, 대만에서 숲의 자연환경을 이용한 건강증진 요법의 대명사로 널리 사용되고 있다(박범진, 2010에서 재인용).

산림욕은 낙엽활엽수나 잡목림이 있는 숲이라면 사시사철 언제나 가능하다. 다만 효과적인 측면에서는 나무가 우거지거나 나뭇잎 등이 생동감이 있는 숲의 숨결이나 아름다움을 느낄 수 있을 때가 좋다. 혼자서도 가능하지만 여럿이서 함께할 수도 있다. 숲속에서 활동이 가능한 편한 복장으로 한 시간 이상 활동하는 것이 좋다. 산림욕을 실시하는 방법은 무수히 많다. 그중에서 쉽게 할 수 있는 세 가지 방법을 소개한다.

① 심호흡으로 숲속 산소 마시기
- 편한 장소에 앉거나 서거나 누워서 눈을 살포시 감고 호흡을 한다.
- 코로 숨을 깊게 들이마시고 내쉬면서 자신의 호흡을 의식하며 집중한다.
- 숨을 들이마실 때는 숲속의 깨끗한 공기로 배가 부풀어 오를 만큼 깊게 들이쉬고, 내쉴 때는 몸 안에 좋지 않은 것들이 함께 빠져 나갈 만큼 길게 내쉬기를 반복한다.

② 오감으로 체험하기
- 나무, 풀 등 산림을 이루는 녹색을 천천히 눈으로 감상한다(視覺).

- 테르펜, 피톤치드 등 숲에서 맡을 수 있는 냄새를 코로 감상한다(嗅覺).
- 새소리, 풀벌레 소리 등 숲에서 들을 수 있는 소리를 귀로 감상한다(聽覺).
- 솔잎, 잣나무 잎, 뽕나무 잎, 산딸기, 풀잎 등을 입으로 감상한다(味覺).
- 나무 기둥, 줄기와 잎, 열매, 물에 손 발 담가 보기 등 피부로 감상한다(觸覺).

③ 숲속 걷기

산행을 하거나 숲길을 걷다보면 마치 경쟁이라도 하듯 오직 앞만 보면서 쉼 없이 걸어가는 사람을 종종 볼 수 있다. 숲은 사람과 경쟁하지 않는다. 우리 또한 숲과 경쟁해서는 안 된다. 유유자적(悠悠自適)한 태도를 지녀야 숲이 우리들을 반긴다. 여러 사람과 함께 행동할 때는 앞사람이 튕긴 나뭇가지나 가시 등에 맞지 않도록 충분한 간격을 유지하여야 하며, 앞사람은 나뭇가지나 넝쿨, 가시 등을 잡아 주면서 뒤에서 오는 사람을 배려해야 한다. 또한 송충이 같은 독충에 물리지 않고, 나뭇가지에 긁히지 않기 위해 긴소매, 긴바지의 복장을 착용하여야 한다. 또 의복이나 모자, 배낭이 나뭇가지에 걸리지 않도록 끈 조절을 잘해야 한다. 그리고 보행 속도는 숲의 여건에 따라 조절하고, 활동 중에는 스마트폰을 끄거나 무음처리를 하고 사용을 자제하

[제주대학교 숲 상담실에서 산림욕 중인 학생들]

1. 산림욕

여 온전히 숲에 몰입해야 한다.

숲에서 걷는 방법으로는 노르딕 워킹(nordic walking), 마사이 워킹(masai walking), 파워 워킹(power walking) 등이 있다. 노르딕 워킹이란 양손으로 노르딕 스틱을 짚으며 걷는 보행법이다. 마사이 워킹은 일반적으로 걷는 방법과는 달리 발뒤꿈치부터 순서대로 발바닥 전체가 땅에 닿게 하는 보행법이다. 파워 워킹은 체력걷기, 건강걷기라고도 하며 시속 6~8km의 속도로 걷는 보행법이다.

산림욕을 할 때는 차분한 마음으로 서두르지 않고 좋은 생각을 하면서 체험에 임하고, 체험 후 느낌을 기록하여 변화과정을 관찰한다. 물론 안전에 유의하는 것은 아무리 강조해도 지나치지 않는다(뱀, 독충, 진드기, 독초, 옻나무, 가시 덩굴 등). 특히 뱀이 활동할 시기에는 지팡이를 갖고 다니는 것을 권한다. 풀밭을 걸을 때 지팡이로 앞을 헤치면서 가면 뱀이 있는 경우 미리 도망가게 할 수 있다.

2. 계곡기행

계곡기행은 아름다운 계곡을 체험함으로써 호연지기를 키우고 강인함과 고운 심성을 배양하며 자연과 인간 사랑의 필요성을 체험하는 활동이다. 이 활동은 숲과 물이 함께 어우러진 계곡에서 하면 더더욱 좋다. 계곡기행과 같은 활동은 혼자서 해도 좋지만, 안전과 역동성을 고려하면 2인 이상의 인원으로 1~3시간 동안 활동하는 것을 권장한다.

계곡은 다양한 예측불허의 상황이 전개될 수 있는 곳이므로 실시하기 전에 세심한 점검과 준비가 필요하다. 무엇보다도 준비운동을 하고, 비상약품 등을 준비하고, 발을 디딜 때 돌의 상태도 확인하며, 특히 오르내릴 때 돌멩이를 밟지 않도록 조심해야 한다. 낙엽이나 이끼가 끼어 있는 젖은 돌멩이는 미끄러지기 쉬우므로 더 조심해야 한다. 여유가 있다면 무조건 걷기만 하지 말고, 주변 환경과 연관된 활동을 병행하면 좋다. 불조심하고 나무나 돌을 갖고 장난하는 일이 없도록 하며, 쓰레기는 모아서 가져와서 자연을 훼손하는 일이 없도록 한다. 무엇보다 자연을 관찰하고 이해하려는 마음이 필요하다.

계곡기행에 적합한 복장은 보온이 잘 되고 내구성이 좋은 것, 가볍고 기능적으로 움직이기 쉬운 것, 통기성과 방수성이 좋고 젖어도 금방 마르는 것을 권장한다. 특히 계곡기행에서 신발의 역할은 대단히 중요하므로 등산화를 고를 때는 양말 두 켤레를 겹쳐 신고도 조금은 여유가 있는 정도의 크기를 골라야 한다. 너무 작으면 발끝을 다치기 쉽고, 혈액순환이 잘 되지 않아 물집이 생기거나 동상의 원인이 될 수 있다.

특히 계곡기행에서 조심해야 하는 것 중 하나가 붕괴사고이다. 자신의 체중이나 또는 잡아당기는 힘으로 인해 붕괴가 일어날 수 있다. 사전에 바위의 상태를 짐검하고 가능한 한 천천히 모든 힘을 분산시켜서 균형을 유지해야 한다. 또한 낙석은 바위의 표면이 약한 곳에서 보행자의 부주의나 동결과 해빙, 눈 또는 바람, 비의 요인 등으로 일어나는데, 낙석의 발생지점 아래에서 불의의 피해를 입는 경우가 많다. 눈 위에서도 세심한 주의가 요구된다. 강설에 의하여 눈이 지표를 덮어 크레바스(crevasse)나 스노우브릿지(snow bride)가 발생하거나 눈의 성질이나 기온, 지형의 역학적 균형이 깨짐으로 인해 발생하는 눈사태의 위험 등이 있다. 그리고 눈보라, 안개, 번개, 비, 일몰, 강한 햇빛 등의 악천후에도 대비해야 한다.

계곡에서의 걷기(보행법)는 어깨에 힘을 빼고, 편한 자세로 상체를 앞으로 조금 굽히며 무릎은 조금만 올리면서, 내딛는 발바닥에 모든 중심을 옮기며 밟는다. 그리고 천천히 보폭을 넓지 않게 움직인다. 바닥의 미끄러움이나 돌이 상태에 따라 보폭을 조절해야 한다. 보행속도는 사람에 따라, 경력에 따라 차이가 있다. 그러나 한번 지치면 자주 쉬어도 피로만 더할 뿐 효과가 없다. 따라서 피로하기 전에 일정한 시간 간격을 두고 휴식을 취하는 것이 좋다. 한꺼번에 쉬려고 오랫동안 무리하게 걸어서도 안 되고, 휴식 시에는 눕거나 다리를 뻗고 쉬지 말고 앉거나 서서 쉰다. 휴식시간은 처음에는 15분쯤 걷고 5분 쉬고, 30분 걷고 10분 쉬는 식으로 호흡조절을 한 후 45~50분에 10분 정도 쉬는 것이 좋다.

[제주 돈내코 계곡에서 초등학생들이 계곡기행 중 휴식하는 모습]

2. 계곡기행

항상 주위를 잘 관찰하여 걸으면서, 물이 묻거나 이끼가 낀 바위에 발을 디딜 때는 미끄러지기 쉬우므로 주의하여 딛도록 한다. 계곡을 건널 때는 물살이 약하고 수심이 얕은 곳을 골라 신발을 신은 채 물밑을 질질 끌듯이 걸으며, 무릎보다 깊은 곳은 위험하므로 절대로 건너지 말고 우회하여 다른 곳을 찾아야 한다. 단체행동 시의 보행은 가능한 한 보행능력이 가장 약한 사람을 팀 전체의 기준으로 삼아 선두가 좀 늦다 싶게 걸으면서 후미와의 거리를 유지하며, 위험한 곳을 통과할 때는 뒤로 소리쳐서 주위를 환기시켜 준다. 특히 돌이 많은 경사면에서는 낙석이 생기지 않도록 주의하여야 한다. 또한 체력은 전부 사용하지 말고 비상시를 위해 언제나 남겨 두어야 한다.

3. 감각체험

이 체험은 잠행, 역지사지, 시각장애인 안내, 장애체험 등 다양한 이름으로 사용되며 내용 또한 다양하다. 이 프로그램에서는 일반적으로 다른 사람에게 자신을 맡기고 의지하는 경험을 통해 인간을 신뢰하고, 상대방을 위하여 친절과 최선을 다하는 이타적 체험을 할 수 있다. 무엇보다도 역지사지와 신체에 대한 소중함을 느끼고 자신을 긍정적으로 수용할 수 있는 활동이다. 감각체험에 적합한 장소는 비교적 굴곡이 심하지 않은 숲이 좋다.

[서귀포 학생문화원 야영수련장 감각체험장]

3. 감각체험

이 체험에서는 자신이 농아인 또는 시각장애인이 되었다고 가정하여, 볼 수도 말을 할 수도 없는 상황을 설정하여 실시한다. 여럿이서 실시할 때에는 사전에 전달 방식을 약속한다. 눈가리개로 눈을 단단히 동여매고, 눈가리개가 없을 때는 눈을 꼭 감고 뜨지 않도록 한다. 이 체험을 통하여 신체에 대해 이해하고 감사하는 마음을 갖고, 주위 사람에 대해 감사할 수 있다. 또한 일상생활에서 어려움과 그 해소를 위해 상호 존중이 필요하다는 것과 인간이 누구나 필요한 역할 및 사명감을 가지고 있음을 인식한다. 체험을 하고 나서 Helen Keller의 『사흘만 볼 수 있다면』을 읽으면 효과가 더 클 것이다.

여기서 세 가지 체험요령을 소개한다. 첫 번째 방법은 혼자서 하는 것이다. 일정한 곳에 서서 10미터 정도 앞을 보고 천천히 걸어가서 눈가리개로 눈을 가리거나 눈을 감은 상태에서 되돌아온다. 두 번째 방법은 2인 1조가 되어 실시하는 방법이다. 한 사람은 시각장애인이면서 농아자가 되고 또 다른 사람은 농아자가 되어 서로 말을 할 수 없는 상황으로 설정한 상태에서 일정한 곳으로 이동하고 일정시간이 경과하면 역할을 바꾸어 체험한다. 세 번째 방법은 단체로 하는 방법이다. 전원이 눈을 가리거나 눈을 감은 상태에서 안내자나 사전에 설치한 밧줄을 이용하여 이동한다.

1998년 1월 중순, 탐라교육원 교사들이 3월부터 실시되는 학생수련 지도에 앞서 감각체험 사전활동을 실시한 적이 있다.

[제주 어승생오름에서 체험활동]

3. 감각체험

눈은 30cm정도 쌓였지만 날씨는 맑았다. 2명이 팀을 이루어 1명은 농아사인 동시에 시각장애인이 되고, 다른 1명은 농아자가 되어 제주석굴암까지 역할을 바꾸어 가면서 오르내렸다. 산길이 본래 가파른 데다 눈이 발목 위까지 쌓여 걸음마다 발이 푹푹 빠지는 상황이어서 설상장비를 갖추고 등반해도 녹록치 않았다. 처음에는 시행착오도 많았으나 시간이 경과할수록 사전에 약속한 신호에 적응하면서 점차 실수가 줄어들었다. 무엇보다도 신뢰감이 담보되자 안내자 역할보다는 볼 수도 말할 수도 없어 의지하는 역할이 더 편하고 안전하게 느껴지기도 했다. 한편 안내자가 되면 동료를 안전하게 인도하겠다는 생각뿐이었다. 체험이 끝난 후 누가 먼저라고 할 것도 없이 자신을 안전하게 안내해 준 동료에게, 그리고 자신이 지금 보고 듣고 걸을 수 있음에 감사를 느꼈다.

4. 사물과의 대화

이 활동은 숲 주변에 있는 사물을 선정하여 의인화하여 대화를 나누어 봄으로써 창조적 사고와 순수성을 체험하며 자신의 내면을 정화하는 것으로, 산림욕, 명상 등과 동시에 이루어지는 활동이다. 주위에 있는 사물 중에서 한 가지를 선택해서 그것과 마음속으로 대화를 나누고 그 대화 내용을 시, 수필, 독백, 대화

[제주의 산담과 소가 있는 풍경]

4. 사물과의 대화

체 등 다양한 방법으로 기록하거나, 기록하지 않더라도 말로 표현한다.

체험활동 시 참가자들은 나무, 돌, 꽃, 풀, 이끼, 나뭇잎, 솔방울, 구름, 거미, 개미, 나무뿌리, 바위, 바람, 새, 이슬, 가시 등 다양한 대상을 선택한다. 체험 후 참가자들은 "사물과의 대화가 처음에는 어색했지만 나중에는 진지하게 몰입하게 되었다." "친구들의 발표를 들으면서 그렇게 볼 수도 있구나 하는 생각을 하였다." "사물의 소중함과 『강아지 똥』이란 동화가 생각나고 우리 모두가 소중함을 알았다." "식물이나 무생물도 말할 수 있다면 우리에게 무엇이라고 할까 생각하니 사랑스런 마음을 가지게 되었다." "하루하루를 헛되게 보내지 않아야 되겠다."와 같은 소감을 남겼으며 사물에 대한 관심과 자아성찰이 일어나는 것을 볼 수 있었다.

5. 기호추적

숲과 산, 계곡과 연계된 곳에서의 기호추적은 모험심, 관찰력, 협동심을 기르고 자연보호의 중요성도 함께 느낄 수 있는 활동이다. 활동 중에 들에서 꿩이 날거나 노루가 뛰어다니는 것을 보거나 산새소리에 호기심이 생긴다. 또 야생동물이 눈치채지 못하게 접근하여 관찰하면 얼마나 가슴이 뛰는지 모른다. 꿩이 알

[제주 이승이오름에서 과제를 해결하고 있다]

5. 기호추적

을 품고 있을 때는 1m 앞까지 접근해도 날아가지 않는다. 이와 같은 동물의 모성애에 경이로움을 느낀 적이 한두 번이 아니다. 이처럼 자연 속에서 관찰력을 기르고 흥미를 가지면서 어려움도 스스로 극복하도록 하는 활동이 바로 기호추적활동이다.

기호추적활동은 아메리카 인디언이 풀, 나무, 돌멩이를 사용하여 방향을 탐지했던 원시적인 방법과 종이나 땅바닥에 추적기호를 표시히여 목적지까지 찾아가는 스카우트 추적활동이 있는데 여기서는 스카우트 추적활동을 소개한다.

이 활동을 할 때 주의해야 할 사항은 추적기호의 뜻을 정확히 알고 암기하는 것과 기호가 설치될 만한 곳에서는 무작정 진행하지 말고 모두가 합심하여 찾아야 한다는 것이다. 기호의 뜻을 정확하게 판단하고 자기의 상상대로 풀이해서는 안 되며, 기호에 손을 대어서도, 또 장난삼아 방향을 바꾸어 놓아서도 안 된다. 길을 잃었을 때에는 마지막에 발견한 기호까지 되돌아가서 다시 추적한다. 제일 마지막으로 출발한 참가자는 추적기호를 없애며 흔적을 남기지 말아야 한다. 추적 코스를 설치할 때는 추적기호가 바람에 날리지 않도록 돌멩이로 단단히 고정하고, 돌멩이가 없는 곳에서는 땅바닥에 그린다. 스카우트 추적기호의 예시는 〈표 3-1〉과 같으며, 사전에 구성원들이 협의하여 만들기를 권장한다.

숲에서 하기 쉬운 다른 방법을 소개한다. 출발점을 선정한 후 방향과 거리를 제시하고 목표지점을 찾도록 한다. 목표지점에

〈표 3-1〉 스카우트 추적기호

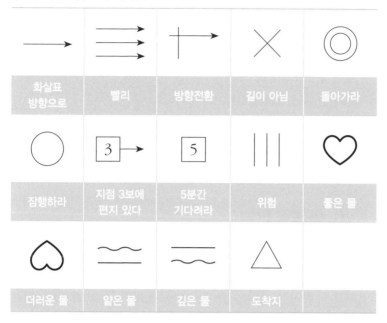

화살표 방향으로	빨리	방향전환	길이 아님	돌아가라
잠행하라	지점 3보에 편지 있다	5분간 기다려라	위험	좋은 물
더러운 물	얕은 물	깊은 물	도착지	

※ 기호 추적 시 사용되는 지시문의 예

지시문

우리 친구 중 한 사람이 짝사랑에 푹 빠져 있습니다. 아무리 타이르고 꼬집어도 깨어날 줄을 모릅니다. 그를 구하지 않으면 우리 조에 크나큰 손실이 예상됩니다. 그를 구하기 위해 사랑에서 깨어나는 신비의 마법약을 만들기 위해서 다음과 같은 재료가 필요한데, 채집 시에는 자연 훼손이 우려되므로 메모지에 그려서 가져오도록 합니다.

(재료: 들꽃 5종류, 칡줄기, 솔방울, 동백열매)

는 또 다른 지시문을 놓는다. 이와 같이 몇 개의 중간 목표를 두고 최종 목표에 도착하면 명상과 소감 나누기 등으로 체험활동을 마무리한다. 이때 유의할 점은 중간 목표 사이의 거리를 짧게 하고, 현지에서 해결할 수 있는 내용으로 지시문을 정해야 한다는 것이다. 목표 사이의 거리를 짧게 하는 이유는 보폭으로 거리를 환산하기 쉽고, 또 학습자의 안전을 고려한 것이다.

6. 화해의 언덕

우리의 삶은 인연의 연속이다. 그리고 인연 속에는 갈등이 생기게 마련이다. 갈등이란 칡 갈(葛)과 등나무 등(藤)으로 적는다. 칡과 등나무가 같은 나무에 올라간다면 서로의 습성상 칡은 왼쪽으로, 등나무는 오른쪽으로 감기는 것에서 연유한 말이다.

상담의 방법 중 하나로 정화법(淨化法)이 있다. 정화법이란 정신분석에서 마음속에 억압된 감정의 응어리나 상처를 언어나 행동을 통해 외부로 드러내어 강박관념을 없애고 정신의 안정을 찾는 방법이다. 실시 장소는 제한이 없으나 숲속이나 산, 계단 같은 곳에서 실시하면 효과가 더 크다.

실시 방법은 한 걸음 옮기고 그 자리에 서서 큰 소리로 미워하거나 원망, 분노의 대상자에게 부정적인 말을 하고(예: ○○○, 니가 나에게 그럴 수 있어?), 또 한 발 옮기면서 반복한다(예: ○○○,

[제주대학교 숲 상담실 화해의 계단]

6. 화해의 언덕

나를 그렇게 험담하다니 정말 치가 떨린다). 이렇게 10보를 이동하면서 상대방을 미워하거나 부정적인 감정을 큰 소리로 말한다. 그리고 되돌아올 때는 한 발을 옮기고 상대방에 대한 긍정적인 감정을 표현한다(예: ○○○, 그래도 나는 너를 소중한 친구라 생각해). 또 한 발 옮기면서 이를 반복한다(예: ○○○, 내가 힘들어했을 때 내 손을 꼭 잡아 주었던 것을 고맙게 생각하고 있어). 이런 식으로 왕복하고 나면 감정이 정화되고 편안해진다. 화해의 인덕 활동은 산림욕과 같은 숲의 혜택도 함께 얻을 수 있어 더더욱 좋은 활동이다.

실시할 때는 마음속이나 작은 소리로 하는 것보다 큰 소리로 하는 것이 더 효과적이다. 혼자서 할 때는 상관없지만, 여럿이서 활동할 때는 대상자가 특정되기에 불편할 수 있다. 이때는 서로 방향을 달리 하거나, 각자가 방해받지 않도록 충분히 거리를 두고 실시하면 된다.

7. 묵언보행

숲속과 숲길에서 함께하는 사람들과 정담을 나누고, 이름 모른 풀꽃과 나무의 향연에 응답하며 수다로 동참하는 재미도 쏠쏠하다. 그러나 마음속의 고요함을 얻기 위하여 벽을 향하여 정좌하고 명상하는 것처럼, 묵언보행은 마주치는 사람이나 동식

[제주대학교 학생상담센터 숲 상담실 묵언보행길]

7. 묵언보행

물과도 말을 하지 말고 모든 오감을 오직 숲에 집중한다. 숲을 느끼고 자연과 공존하는 참 나를 발견할 때, 숲이 커다란 인성의 종합대학임을 깨달을 수 있다. 실시는 개인단위로 할 수도 있고, 여럿이서 할 수도 있다. 혼자든 여럿이든 사전에 규칙과 시간을 정하고 실시하는 것이 효과가 있다.

묵언보행의 방법은 특별히 정해진 것이 없기에 개인이나 참가자가 규준을 정한다. 일정한 구간의 거리를 설정하거나, 시간과 실시 방법 등을 사전에 정해야 한다. 오직 숲길을 거닐면서 오감을 통하여 숲의 소리와 향기를 느끼는 것, 발끝이나 발바닥의 감각을 느끼는 것, 둘이서 손을 잡고 걷는 것 등 여러 방법이 있지만, 가장 중요한 것은 침묵을 지키는 것이다.

8. 자성예언

흔히 '생각이 바뀌면 행동이 바뀌고, 행동이 바뀌면 습관이 바뀌며, 습관이 바뀌면 운명이 바뀌고, 운명이 바뀌면 인생이 바뀐다'는 말이 있다. 이는 일체유심조와 같이 "모든 것은 생각하기 나름이다."라는 뜻이다.

자성예언은 두 종류가 있다. 먼저, 자성예언(自性豫言)은 우리가 자신과 타인에 대해서 믿고 있는 것으로서 자아인식, 행동, 성취도에 커다란 영향을 끼친다. 또 다른 자성예언(自成豫言)은

[제주 좌보미 오름에서 경험한 바람 명상]

8. 자성예언

자기달성적인 예언으로서 우리가 자신과 타인에 대해서 믿는 것으로 역시 자아인식과 행동, 성취도에 영향을 미친다. 숲에 갈 때 사전에 자성예언(自性豫言)과 자성예언(自成豫言)을 모두 준비하여 실시할 것을 권한다. 자성예언은 혼자서도 할 수 있지만 여럿이서 하면 더 효과적이다. 자성예언을 할 때에는 그 주변에서 높거나 큰 바위, 나무처럼 상징성이 있는 곳을 선택하여 그곳에 올라 함께하는 사람들을 보면서 큰 소리로 자성예언문을 낭송하여 내면화시키고, 함께하는 사람들은 발표자의 자성예언이 이루어지도록 응원하고 격려해 준다.

자성예언문의 예를 들다면 다음과 같은 것이 있다. "○○○은 말보다 행동을 앞세우는 사람이다." "○○○은 언제나 밝게 웃는다." "○○○은 건강을 위해서 하루 1시간 이상 운동을 한다." 숲이나 계곡 등에서 활동을 할 때, 필수적으로 자성예언을 실시하기를 권한다.

9. 명상

명상이란 고요한 가운데 마음 깊이 사물을 관찰한다는 의미로 내면으로 향하는 집중된 강력한 마음이며, 자신과 자신의 행복을 찾는 도구(박지명, 이정훈, 2016)이다. 명상은 시간과 장소에 관계없이 실시할 수 있다. 그러나 숲이나 산과 같은 자연에

[제주 함덕고등학교 명상 숲]

9. 명상

서의 명상은 실내에서 느끼지 못하는 많은 것을 얻을 수 있다. 명상의 방법은 여러 가지가 있으나 숲에서 앉아서 하는 명상, 서서 하는 명상, 편한 자세로 누워서 하는 명상, 걸어가면서 하는 명상 등이 있다. 또는 바람(風)이 좋은 곳에서 하는 바람 명상, 떠오르는 해를 맞이하는 해돋이 명상 등과 같이 특정한 곳에서 특정한 의미를 부여하여 호흡 명상을 실시할 수도 있다. 숲속에서의 마음챙김 명상도 마음을 안정시키며 자기를 성찰하는 데 도움을 준다(박상규, 2016; Saltzman, 2016).

몇 년 전에 있었던 한국초월영성상담학회 연차대회 프로그램 중 제주도 좌보미 오름에서 실시한 '바람 명상'이 아직 마음속에 인상 깊게 남아 있다. 명상에 대한 깊은 지식이나 경험이 없는 사람이라도 숲속에서 마음을 집중하여 크게 숨을 들이마시고 내쉬는 호흡 명상, 온 몸의 느낌을 알아차리는 몸 명상, 일어났다 사라지는 마음과 행위를 알아차리는 마음챙김 명상 등을 경험하여 내면의 자기를 만나고 행복감을 증진할 수 있다.

10. 사진촬영 게임

이는 숲에서 누구나 할 수 있는 체험활동으로 자연의 아름다움을 음미하고 자연에 대한 관찰력 및 상호 신뢰와 상상력 등을 키우는 활동이다. 체험하기 전에 미리 규칙을 정하고 또한 찍은 사진을 그리기 위한 필기류를 준비하여야 한다.

실시요령은 2명이 1개 조가 되어서 한 사람은 '카메라'가 되고 또 한 사람은 '사진사'가 된다. 카메라가 된 사람은 눈을 감고, 사진사가 된 사람은 카메라가 된 사람의 손을 잡고 숲속을 이동하다가 '준비'란 말을 하면서 촬영하고 싶은 대상 앞에 선다. 그리고 손등을 터치하면서 '찰깍'하면 카메라가 된 사람은 눈을 뜨고 대상물을 잘 관찰한다. 3~5초 정도 지나 다시 '찰깍'하면 눈을 감는다. 이렇게 몇 장의 사진을 찍고, 서로 역할을 바꾸어서 동일한 요령으로 체험한다. 체험 후 촬영한 것(눈을 뜨고 본 것)을 전부 그리거나, 그 중 제일 인상적이었던 것 하나를 골라, 사진을 설명하고 느낌 및 소감 등을 나누는 시간을 갖는다. 이 체험에서 유념할 사항은 카메라가 된 사람은 '찰깍'이라고 할 때 말고는 절대로 눈을 뜨지 않아야 한다는 점이다. 그래야 사물을 정확히 묘사할 수 있다. 명상 숲이 있는 학교에서는 창재 시간 등을 활용한 체험도 좋다(제주도교육청, 2000).

11. 나의 나무 찾기

체험활동 장소는 좀 큰 나무가 있는 곳이면 좋다. 숲속을 천천히 산책을 하면서 호감이 가거나 의미 있는 나무 하나를 선정한다. 선정된 나무와 자신을 서로 연계한다. 선정된 나무에 귀

[경주 첨성대에서 나무찾기 활동]

"맑고 푸른 하늘을 가슴에 담고

별이 되고, 새가 되고, 무지개가 되어

은구슬 옥구슬보다 더 영롱한 빛 비추며

세계로 미래로 푸른 꿈 나누어 줄

아이들아, 사랑한다."

를 대어 보고, 살포시 안아서 나무의 심장소리를 들어 본다. 그리고 나무가 말하는 것을 들어 본다. 선정한 나무를 세밀히 관찰하여 나무의 장점을 찾아 그 나무가 가진 장점과 자신의 장점을 결합하며, 그 나무에게서 본받고 싶은 점을 탐색해 본다. 만약 여럿이서 함께 활동하는 경우에는 자신이 선정한 나무에 대한 내용을 서로 공유한다. 공유할 내용은 선정한 이유, 그 나무의 강점과 자신의 강점 비교하기, 그 나무에서 본받고 싶은 내용 등이다. 나의 나무와 대화하여 대화내용을 기록하고, 언제 어디서나 그 나무와 교감했던 내용을 늘 생각하며 다짐했던 내용에 대해 실천의지를 가진다면 나무에게서 좋은 기운을 많이 받을 수 있다.

12. 숲에서 실시할 수 있는 응용 프로그램

앞서 제시한 열한 가지 이외에도 연령에 관계없이 시간에 구애받지 않고 실시할 수 있는 활동이 많이 있다. 명심할 것은 체험 도중에 결코 자연을 훼손해서는 안 된다는 것이다. 가급적 고사목, 떨어진 솔방울, 낙엽 등을 이용하고, 시작 전·실시 중·실시 후에도 안전을 꼼꼼하게 챙겨야 한다.

① 가면놀이: 나뭇잎으로 가면 만들기

② 나무 종류 알아보기: 주변 나무, 꽃 이름 등

③ 땅과의 교감: 땅에 귀를 대고 소리 듣기

④ 돌탑 쌓기: 개인 및 그룹

⑤ 모빌 만들기: 고사목 및 주변 풀 및 줄기 이용

⑥ 문예활동: 그림 그리기, 동시, 시, 수필, 작사 작곡 등

⑦ 보물찾기놀이: 보물쪽지를 찾고 적힌 숲 관련 내용 해결하기

⑧ 숲속 작은 음악회: 노래자랑 및 합창

⑨ 솟대 만들기: 고사목 및 주변 풀 및 줄기 이용

⑩ 솔방울로 만다라 그리기

⑪ 솔방울로 자화상 그리기

⑫ 솔방울로 재기차기

⑬ 솔방울로 골프게임: 정해진 장소에 공 넣기, 멀리 치기 등

⑭ 솔방울로 공 던져 넣기: 모자 또는 정해진 장소

⑮ 자유화 그리기

⑯ 지도 만들기: 관광, 생태, 올레길, 둘레길, 마을 등

⑰ 자치기: 고사목 이용

⑱ 전통놀이 및 게임

　　－그대로 멈춰라.

　　－과일 사세요.

　　－무궁화 꽃이 피었습니다.

　　－이웃을 사랑하십니까?

-숲속에 가면(   )도 있고…….
-완두콩 대왕놀이: 숲속에서 친교활동
-어조목 게임: 어(물고기 이름), 조(새 이름), 목(나무 이름)
-끝말 이어 가기 및 문장 이어 가기

12. 숲에서 실시할 수 있는 응용 프로그램

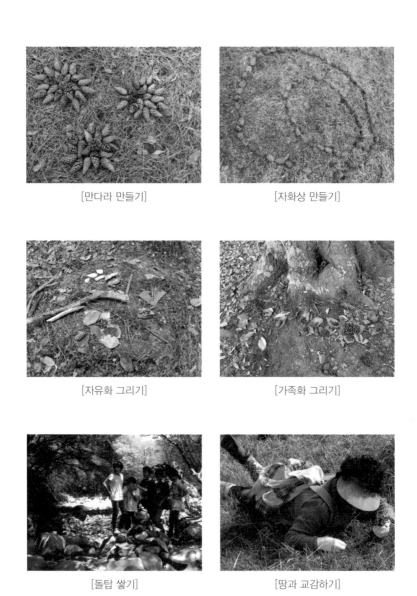

[만다라 만들기]

[자화상 만들기]

[자유화 그리기]

[가족화 그리기]

[돌탑 쌓기]

[땅과 교감하기]

제3부 누구나 즐길 수 있는 숲 체험활동

[보물찾기]

[나무 · 꽃 종류 찾기]

[협동화 그리기]

[생태지도 만들기]

12. 숲에서 실시할 수 있는 응용 프로그램

자 화 상

오창홍

들여다보면 피 끓는 고속질주
못 다다른 종착역
간이역 우동 한 그릇도 외면한 체
칠십 평생 쉼 없는 운행.

되돌아보면 뜨겁던 용광로 가슴
푸른 꿈 미리내
별처럼 수많은 길모퉁이 돌고 돌며
시방도 사거리서 나침반 펴든 허수아비

세월의 넋 속에 향기 잃은 나신
기억의 외진 곳
시리도록 그리움 보다 더 애수 띤
채워지지 않는 그 무엇을 향하여.

●

에필로그

미국 제16대 대통령 Abraham Lincoln은 "나무 한 그루를 베는 데 8시간을 준다면 그중 6시간 동안 도끼날을 갈겠다."라고 했으며, 정열적인 비즈니스 연설가 Peter Urs Bender는 "준비에 실패하면 실패를 준비하는 것과 같다."라고 하였다. 그런가 하면 "돈을 잃으면 조금 잃은 것이고, 명예를 잃으면 반을 잃은 것이고, 건강을 잃으면 전부를 잃은 것이다."라는 말도 있다. 건강할 때 건강을 지켜야 한다는 평범한 진리를 알면서도 실천하기가 어렵다. 그래서 더욱더 노력해야 한다.

숲의 중요성을 알면서도 급격한 도시화로 숲이 있던 자리에는 거대한 빌딩 숲이 자라나고 있다. 숲이 사라지는 것에 비례하여 우리에게 자연의 재앙이 가까이 다가오고 숲 놀이터가 사라지는 것에 비례하여 인성도 사라지고 있다.

몇 년 전까지만 해도 주택시장에선 역세권(驛勢圈)이 대세였는데, 지금은 '숲세권'이 각광을 받고 있다. 미세먼지와 같은 잿빛 재앙으로 인해 숲의 중요성이 이제는 피부로 느껴진다.

숲은 보고(寶庫)이다. 누구에게도 등기되어 있지 않은 영원한 자산이다. 잘 가꾸고 보존에 힘과 지혜를 모아 실천해야 한다. 숲은 우리의 마음을 위로하고 몸을 치유하고 지혜를 가르친다. 건강하며 행복하고 싶으면 숲으로 가자. 숲에 답이 있다.

에필로그

참고문헌

곽영훈, 조국영(1980). **나무와 환경**. 서울: 까치.

강석영(2014). 빈곤가정 아동의 스트레스 인식 수준 감소를 위한 마음챙김 기반 숲 치유 프로그램 개발 및 효과 검증. 서울교육대학교 교육전문 대학원 석사학위논문.

강영식, 김용숙(2012). 생명존중 숲 체험활동이 유아의 환경감수성 변화에 미치는 영향. **열린유아교육연구**, 17(2), 1-18.

권영림(2013). 숲 치유 프로그램이 초등학생의 인성함양에 미치는 영향. 상명대학교 대학원 석사학위논문.

김경신, 김민화(2018). 유아의 스트레스 대처능력과 행복감을 증진시키는 "숲-통합 예술치료프로그램" 효과연구. **어린이 문학교육연구**, 19(1), 225-251.

김광현(2010). 마음챙김 숲 속 걷기명상이 중년여성의 정신건강에 미치는 영향. **한국명상치유학회지**, 1(1), 77-97.

김덕건, 김효진(2006). 숲 체험 활동이 유아의 감성지능에 미치는 효과. 생태유아교육연구, 5(1), 57-82.

김순두(2011). 곶자왈. 제주: 곶자왈공유화재단.

심시내(2013). 숲 체험 활동이 유아의 행복감, 자아존중감 및 창의성에 미치는 영향. 부산대학교 교육대학원 석사학위논문.

김영인, 노경주(2011). 청소년 학습이론 및 지도. 서울: 한국방송통신대학교

김윤수, 신원섭, 연평식, 이정희(2011). 숲치유 프로그램이 Wee class 중학생 우울에 미치는 영향. 한국산림휴양학회지, 15(1), 67-71.

김윤희(2015). 산림치유 프로그램 개발을 위한 요구분석. 충북대학교 대학원 박사학위논문.

김주연(2014). 인터넷 중독 아동을 위한 산림치유 프로그램의 개발 및 효과 검증. 충북대학교 대학원 석사학위논문.

김지혜, 이현림(2006). 숲 체험을 통한 조직캠프 집단상담이 아동의 학교 적응에 미치는 효과. 상담학 연구, 7(3), 849-864

김진화(2001). 평생교육프로그램개발론. 서울: 교육과학사.

김현희(2014), 숲 체험활동이 유아의 자아존중감에 미치는 효과. 남부대학교 교육대학원 석사학위논문.

남수자(2013). 숲 체험활동이 초·중등학생의 인성함양에 미치는 영향에 관한 연구. 상지대학교 일반대학원 석사학위논문.

남효창(2012). 애들아 숲에서 놀자. 서울: 추수밭.

박범진(2010). 산림휴양활동을 이용한 숲 치유의 실험적 접근. 충남대학교 대학원 박사학위논문.

박상규(2011). 약물중독치료 행복 48단계 프로그램. 서울: 국립법무법인.

박상규(2016). 중독과 마음챙김. 서울: 학지사.

박상규(2018). 중독자의 회복유지를 위한 새로운 패러다임: 한국적 상담모형. 한국심리학회지: 건강, 23(2), 293-326.

박상규, 강성군, 김교헌, 서경현, 신성만, 이형초, 전영민(2017). 중독의 이해와 상담 실제. 서울: 학지사.

박정환(2013). 숲 치유 프로그램이 초등학생의 자아존중감에 미치는 영향.

서울교육대학교 교육대학원 석사학위논문.

박지명, 이정훈(2016). 세상에서 가장 오래된 인도 호흡 명상. 서울: 하남출판사.

박지숙(2014). 숲 집단 미술치료가 스마트폰의존 중학생의 자기통제력과 심리적 안녕감이 미치는 효과. 영남대학교 환경보건대학원 석사학위논문.

부은순, 오창홍, 정동욱, 박정환(2013). 숲에서 자유놀이가 유아의 사회성 발달에 미치는 영향. 한국산학기술학회, 14(10), 4755-4764.

산림청(2019). 숲. 2019, 7-8호.

손기철(2007). 실내식물이 사람을 살린다. 서울: 중앙생활사.

송석언(2018). 2018 재외한국학교 교사 초청연수 탐나는 제주. 제주: 제주대학교.

신윤경, 백준혁, 채정호(2010). 환경치료의 정신의학적 적용: 숲치료와 수치료를 중심으로. 스트레스 연구, 18(2), 167-179.

신원섭(1999). 숲 체험과 환경교육. 숲과 문화, 8(2), 28-30.

신원섭(2005). 치유의 숲. 서울: 지성사.

신원섭(2007). 숲으로 떠나는 건강여행. 서울: 지성사.

신원섭(2014). 산림치유지도사 2급양성교재. 대전: 산림청.

신원섭, 연평식, 이정희(2007). 숲 체험이 인간 심리안정성에 미치는 영향. 한국산림휴양학회지, 11(3), 37-43.

신원섭, 연평식, 이정희, 김시경, 주진순(2007). 산림경험이 참여자의 불안감과 우울감에 미치는 영향. 산림휴양학회지, 11(1), 27-32.

신원섭, 오홍근(1996). 산림프로그램 참여 경험이 우울증 수준에 미치는 영향. 한국임학학회지, 85(4), 586-594.

안희영, 이건호(2013). MBSR기법을 응용한 산림치유프로그램 모델화. 한국산림휴양학, 17(4), 1-11.

양순승, 차진경, 김지애, 홍수정, 최유신(2011). 숲 치유프로그램이 알코올의존자 가족의 영적건강, 우울, 자아존중감 및 숲 효과성에 미치는 효과. 한국알코올과학회지, 12(2), 45-59.

오창홍, 박상규, 박태수, 오인자(2012). 인터넷중독 청소년을 위한 숲 체험 프로그램 개발 밀 효과. 상담학연구, 13(5), 2395-24159.

오창홍, 박상규, 박정환, 오인자(2016). 숲 환경이 인터넷 중독에 미치는 효과. 한국산학기술학회논문지, 17(4), 489-499.

오창홍(2016). 인터넷 중독 청소년을 위한 숲 체험 집단상담 프로그램의 개발과 효과. 제주대학교 대학원 박사학위논문.

윤상욱, 이민순, 윤화영, 심재욱(1999). 숲과 환경과 인간. 서울: 문음사.

이성수(2015). 학교 숲을 이용한 숲 치유 프로그램이 대학생의 스트레스와 불안감에 미치는 영향. 충북대학교 대학원 석사학위논문.

이시형(2010). 세르토닌하라. 서울: 중앙북스.

이영경(2004). 자연경관계획 및 관리. 서울: 문우당.

이우평(2002). Basic 고교생을 위한 지리용어사전. 서울: 신원문화사.

이지혜(2012). 동기강화 인터넷 중독 예방프로그램이 저소득층 청소년의 인터넷 중독, 자기통제력, 우울/ 불안, 지각된 스트레스에 미치는 효과. 한동대학교 상담대학원 석사학위논문.

이태신(2000). 체육학대사전. 서울: 민중서관.

장준근(2003). 몸에 좋은 산야초. 서울: 넥세스북.

제주도교육청(2000). 현장체험학습을 통한 오름환경보전. 제주: 대명인쇄사.

조영민, 신원섭, 연평식, 이효은(2011). 숲 체험 프로그램이 저소득층 아동의 사회성과 우울에 미치는 영향. 한국산림휴양학회지, 15(2), 69-75.

조현섭, 조성민, 차진경(2008). 숲치유 프로그램이 알코올 의존자 및 가족에게 미치는 치유 효과성 검증, 한국심리학회지: 건강, 13(3), 727-743.

차진경, 김성재(2009). 숲 체험을 통한 알코올의존자의 치유경험, 대한간호학회지, 39(3), 338-348.

최삼욱, 목정연, 김민수, 정안수, 한진우, 우종민, 박범진(2015). 산림치유가 청소년 인터넷중독 위험군의 신경인지, 심리사회, 그리고 생리적 측면에 미치는 영향. 한국임학학회, 104(2), 277-284.

참고문헌

American Psychiatric Association. (2013). *Diagnostic and Statistical Manual of Mental Disorder*(5th). Washington, DC: APA Press.

Birren, F. (1985). 파버 비렌의 색체 심리. (김화중 역). 서울: 동국출판사.

Louge, A. W. (1995). *Self-control*. New York: Practice Hall.

Rapp, G. A., & Poetner, J. (1992). *Social administration: A client-centered approach*. New York: Longman.

Saltzman, A. (2016). 마음챙김 명상 교육. (김철호 역). 서울: 어문학사.

Schreyer, R., & Driver, B. L. (1990). *The benefits of wiland recreation Participation*. USDA Forest service General Technical Report RM-196.

Wilson, R. A. (1995). *Introducing the young child to the social world*. New York: Macmillan Publishing. Co. Inc.

네이버 지식백과. https://terms.naver.com/ (인출일 2018. 12. 20.)

다음 백과사전. http://100.daum.net/ (인출일 2018. 12. 20.~2019. 7. 21.)

산림청. http://www.forest.go.kr (인출일 2019. 2. 1.~2019. 2. 8.)

제주대학병원Life. http://www.jejunuh.co.kr/

WHO. https://www.who.int/

저자 소개

오창홍(Oh Chang-Hong)

제주대학교 교육학 박사(상담심리 전공)
육군보병학교 교관, 대대장
제주특별자치도교육청 비상계획담당관
탐라교육원 학생수련지도관
서귀포학생문화원 수련부장
현 사단법인 제주행복드림상담센터 소장
　　사단법인 한국청소년상담학회 제주지역학회 회장
　　사단법인 한국청소년상담학회 수련인증기관장
　　제주대학교 학생상담센터 전문위원
　　제주대학교, 제주국제대학교 강사

〈주요 저서 및 역서〉
고등교육에서의 봉사학습(공역, 교육과학사, 2014)
훌륭한 교사를 위한 교육봉사(공저, 학지사, 2012)
당신을 축복합니다(공저, 대한문학, 2010)
꽃보다 아름다운 삶(공저, 대한문학, 2009)

박상규(Park Sang-Gyu)

계명대학교 문학박사(임상 및 상담심리 전공)
한국중독심리학회 회장
한국중독상담학회 회장
한국도박문제관리센터 이사장
현 한국중독포럼 공동대표
　　충북도박문제관리센터 운영위원장
　　경찰청 마약범죄수사 자문위원
　　꽃동네대학교 상담심리과 교수

〈주요 저서 및 역서〉
스마트폰에 빠진 우리아이 구출하기(학지사, 2019)
중독상담학 개론(공저, 학지사, 2018)
중독의 이해와 상담실제(2판, 공저, 학지사, 2017)
아들러심리학에 기반을 둔 초기회상(공역, 학지사, 2017)
중독과 마음챙김(학지사, 2016)
중독상담(공저, 박학사, 2015)
정신건강론(학지사, 2014)
상담학 개론(공저, 학지사, 2013)
병적 도박의 치료와 임상지침(공역, 학지사, 2012)
행복 4중주(이너북스, 2009)
정신재활의 이론과 실제(학지사, 2006)
마약류 중독자를 위한 자기사랑하기 프로그램(학지사, 2003)

숲치료 이야기
숲을 알면 건강이 보인다

Tales of Forest Therapy
-If you know the forest, you can be healthy-

2020년 1월 10일 1판 1쇄 인쇄
2020년 1월 20일 1판 1쇄 발행

지은이 • 오창홍 · 박상규
펴낸이 • 김진환
펴낸곳 • ㈜**학지사**
　　　　04031 서울특별시 마포구 양화로 15길 20 마인드월드빌딩
대표전화 • 02-330-5114　　팩스 • 02-324-2345
등록번호 • 제313-2006-000265호

홈페이지 • http://www.hakjisa.co.kr
페이스북 • https://www.facebook.com/hakjisa

ISBN 978-89-997-1996-7 03180

정가 13,000원

이 도서의 국립중앙도서관 출판시도서목록(CIP)은 서지정보유통지
원시스템 홈페이지(http://seoji.nl.go.kr)와 국가자료공동목록시스템
(http://www.nl.go.kr/kolisnet)에서 이용하실 수 있습니다.
(CIP 제어번호: CIP2019051891)

출판 · 교육 · 미디어기업 **학지사**

간호보건의학출판 **학지사메디컬** www.hakjisamd.co.kr
심리검사연구소 **인싸이트** www.inpsyt.co.kr
학술논문서비스 **뉴논문** www.newnonmun.com
원격교육연수원 **카운피아** www.counpia.com